中学校新学習指導要領のカリキュラム・マネジメント シリーズ

スキルコードで深める中学校理科の授業モデル

［編著］
大山 光晴

［著］
秀明中学校・高等学校
秀明大学学校教師学部附属
秀明八千代中学校・高等学校

Ⓖ学事出版

推薦のことば

清原 洋一
秀明大学学校教師学部教授
前文部科学省初等中等教育局主任視学官

　社会はめまぐるしく変化し、複雑で予測困難な時代となってきている。そのような中、一人ひとりの可能性をより一層伸ばし、新しい時代を生きる上で必要な資質・能力を確実に育んでいくことを目指し、学習指導要領の改訂が行われた。

　育成すべき資質・能力については、「知識及び技能」「思考力，判断力，表現力等」「学びに向かう力，人間性等」の三つの柱で整理している。そして、これらの資質・能力が着実に育成されるよう、「主体的・対話的で深い学び」の実現に向けた授業改善を推奨している。「単元や題材など内容や時間のまとまりを見通しながら，生徒の主体的・対話的で深い学びの実現に向けた授業改善を行うこと」と学習指導要領に示されているように、教育実践においては、ある程度まとまった内容や時間を見通して、いかに授業を具体的に設計し実践していくかが鍵となる。しかも、「カリキュラム・マネジメント」が強調されているように、各学校においては、学校全体で教育課程を軸に学校教育の改善・充実の取組を進めていくことが大切となる。

　そのような中、秀明学園の実践研究をもとに『スキルコードで深める中学校の授業モデル（全5巻）』が出版されることとなった。この本は、教師が指導計画や指導案を作成し、授業を実践していく際、資質・能力を育成する授業の流れを可視化し、より確かなものにしていこうとする取組をまとめたものである。授業を設計していく際には、「何（単元や題材などの内容）」を、「どのように」学び、「何ができるようになるか（育成を目指す資質・能力）」といった具体的な指導や支援の一連の流れをイメージすることが大切である。本書においては、ブルームらが提唱した教育分類学（改訂版タキソノミー、2001年）に基づいて制作した『スキルコード』の活用を提案している。育成する資質・能力を、ブルーム・タキソノミーの認知過程と対応させることにより、資質・能力およびそこに至る学習過程を俯瞰的にみることが可能になってくる。このような過程を踏みながら検討することにより、1時間の授業ということに留まらず、単元や題材など内容や時間のまとまりの中で、ある意味戦略的に授業を設計して実践し、さらに、授業実践を振り返り、改善・充実につなげていくことが期待される。

　本書は、教師の教育実践の参考となるだけでなく、これから教師となることを志望する学生にとっても意味のあるものである。是非、本書を参考に教育実践を行い、教育の改善・充実の取組がさらに進んでいくことを期待したい。

はじめに

シリーズ監修者　富谷 利光
秀明大学学校教師学部教授
秀明大学学校教師学部附属
秀明八千代中学校・高等学校校長

◆資質・能力の育成

　21世紀もすでに5分の1を経ようとしており、世の中の変化は加速度的に増しています。そのような時代の中で、子供たちには未知の状況に対応できる力を身に付けさせることが強く求められております。コンテンツベースから、コンピテンシーベースへの転換です。新学習指導要領もこの方向で整理されていますが、アクティブラーニングの推奨とも相まって、いわゆる「活動あって学びなし」の懸念も再燃しています。現場には、確かな資質・能力を育成する道しるべが必要です。

◆資質・能力の可視化

　秀明大学では、教師教育の必要性から、資質・能力を育成する授業の流れを可視化するための「発問コード」を国語専修で開発しました。学生たちは、指導案の作成や授業実習において、個別の知識についての一問一答を繰り返す傾向にあります。そのような学生たちを「主体的・対話的で深い学び」の指導者に育てるためには、授業の流れを可視化し、授業改善のための意見や指導コメントを一般化する用語体系（コード）が必要でした。「教育目標の分類学（ブルーム・タキソノミー）」等を参考にした発問コードにより、学生たちは一問一答を超える見通しを持って学修に励んでいます。

◆21世紀に求められる知識

　新学習指導要領では、「生きて働く『知識・技能』の習得」が、資質・能力の三つの柱の第一に示されています。ブルーム・タキソノミー改訂版では、知識について【事実的知識（知っている・できる）】【概念的知識（わかる）】【遂行的知識（使える）】のレベルが示されており、「生きて働く『知識・技能』の習得」は、「事実的知識を、概念的知識・遂行的知識にする」と言い換えることができます。秀明学園では、「経験を通して、知識を知恵にする」ことを創立以来実践してきました。個別の知識が概念化され、教科の本質に関わる知恵として備われば、未知の状況にも応用できるようになります。そのためには、実経験が大切だという考え方です。これを発問コードのフレームで可視化して「スキルコード」とし、系

列中学校・高等学校で資質・能力育成の道しるべとしています。

◆ PDCA サイクル

本学園でも、資質・能力育成への転換は緒に就いたばかりです。定期的に研修授業を行って実践を振り返り、授業改善に取り組んでおり、その際に「スキルコード」が良き道しるべとなっています。本書に収めた実践は教科書の学習を基本としており、決して目新しい方法を提案するものではありませんが、PDCA サイクルを紙上で再現していますので、資質・能力育成への転換の事例として参考になれば幸いです。

◆ スキルコードについて

表1　スキルコード

		知識及び技能	思考力, 判断力, 表現力等	学びに向かう力, 人間性等	
		習　得	活　用	探　究	
		基礎力 Kスキル	実践力 Pスキル	探究力 Rスキル	
	知識レベル	対象世界（教科書の内容）		自分軸・他者軸	
教科学習	【事実的知識】 知識の獲得と定着 知っている できる	K1 知識を獲得する 確認する 定着させる	P1 別の場面で 知識を獲得する 確認する 定着させる	R1 自分や世の中について 課題を発見する	知識
	【概念的知識】 知識の意味理解と洗練 わかる	K2 意味内容を理解する 確認する 定着させる	P2 別の場面で 意味内容を理解する 確認する 定着させる	R2 新たな知恵を 獲得・創出する	知恵
	【遂行的知識】 知識の有意味な 使用と創造 使える	K3 知識を使うことで 知識の意味を理解する	P3 別の場面で 知識を使うことで 知識の意味を理解する	R3 知恵によって 自分や世界を変える	実経験
総合・特活	メタ認知的 知識	K4 自分や世界の現状を 理解する	P4 自分や世界の現状を 考える	R4 自分や世界を変える 方略を身に付ける	
	教育の目標分類	知識・理解	分析・応用	評価・創造	

【横軸】（K、P、R＝認知過程の高まりを示す）

○横軸には、新学習指導要領の資質・能力の三つの柱を置きました。ただし、「知識及び技能」と「思考力、判断力、表現力等」については、学校教育法第30条第2項において、「思考力、判断力、表現力等」は「知識及び技能」を活用して課題を解決するために必要

な力であると規定されていることから、両者は不可分のものと捉え、境界を点線としています。
○学びの過程では、それぞれ「習得」「活用」「探究」に相当するものとしています。ただし、「学びに向かう力、人間性」は「探究」よりも広いものだと思われますが、探究の方向性を、「自己や社会、世界を望ましい方向へ変えていく」というベクトルにすることで、「学びに向かう力、人間性」を望ましい方向へ向けることができると考えられます。特に、「豊かな創造性を備え持続可能な社会の創り手となること」（総則第1の3）のためには、探究の過程にSDGs（国連が定めた「持続可能な開発目標」）を関連付けることが効果的です。
○横軸の資質・能力を、秀明学園では「基礎力（Kスキル）」「実践力（Pスキル）」「探究力（Rスキル）」と呼称しています。Kはknowledge、Pはpractical、Rはresearchの頭文字です。なお、Rスキルは、当初は探究の方向性を具体的に示す目的で、Gスキル（国際力）とTスキル（伝統力）に細分していましたが（『中学校各教科の「見方・考え方」を鍛える授業プログラム』学事出版、2018年）、教科学習で汎用的に用いるために統合をしました。
○「教育目標の分類学（ブルーム・タキソノミー）」の改訂版[1]における認知過程の6分類では、「知識・理解」「分析・応用」「評価・創造」というように、それぞれ2つずつが概ね相当すると考えています。

【縦軸】（1、2、3＝知識の深まりを示す）

○縦軸は、「ブルーム・タキソノミー改訂版」の知識レベルに基づき、知識の深まりを視覚的に表すため天地逆にし、次の表2のようにK1・K2・K3としています。

表2 知識の深まりについて

スキルコード	ブルーム・タキソノミー改訂版	中学校学習指導要領（平成29年告示）解説 総則編	秀明学園
K1	事実的知識（知っている・できる）[2]	個別の知識	知識
K2	概念的知識（わかる）	生きて働く概念	知恵
K3	遂行的知識（使える）	新たな学習過程を経験することを通して更新されていく知識	実経験

○新学習指導要領においては、「知識の理解の質を高めること」が重視されており、「教科の特質に応じた学習過程を通して、知識が個別の感じ方や考え方等に応じ、<u>生きて働く概念</u>として習得されることや、<u>新たな学習過程を経験することを通して更新されていくことが重要となる</u>」と、『中学校学習指導要領（平成29年告示）解説 総則編』で示されています（第3章 教育課程の編成及び実施、第1節3 育成を目指す資質・能力。下線部は筆者）。

○スキルコードでは、「個別の知識」をK1、「生きて働く概念」をK2、「新たな学習過程の経験を通して更新される知識」をK3としています。K3はK2を強化するものという位置付けで、スキルコードはK2の育成を中核に据えています。秀明学園では、「**知恵＝知識＋実経験**」を教育活動の基本方針としており、「生きて働く概念」を「**知恵**」と呼んでいます。

○深い学びとは、知識の面では次のように考えられます。
　①個別の知識を概念化して、生きて働く「知恵」にすること。（K1→K2）
　②新たな学習過程での経験を通して、「知恵を確かなものに更新する」こと。

（K2→K3（→K2））

○「ブルーム・タキソノミー改訂版」では、「概念的知識を高次の認知過程を経て深く理解することが、『不活性の知識』の問題（学校で学んだことが日常生活で活かせない事態）を解決する上で有効である」[3]と指摘されているそうです。つまり、上記の②の過程（K2→K3→K2）あるいは横軸へ広がる過程（K2→P2→K2など）を通して、概念的知識＝知恵を深めていくことが、日常生活で活かせる「真正の学び」になり、スキルコードはその道しるべとなるのです。

○4番目の「メタ認知的知識」については、総合的な学習の時間や特別活動で育成するという位置付けにしています。

〈参考資料〉
1）中西千春「ブルームのタキソノミー改訂版『認知プロセス領域の分類』を活用するために」『国立音楽大学研究紀要』第50集、2016年
2）石井英真『今求められる学力と学びとは―コンピテンシー・ベースのカリキュラムの光と影―』日本標準ブックレット、2015年
3）石井英真「『改訂版タキソノミー』によるブルーム・タキソノミーの再構築―知識と認知過程の二次元構成の検討を中心に―」『教育方法学研究』第28巻、2002年

◆学習ロードマップ

このスキルコードをもとに、学習過程を「学習ロードマップ」として可視化しました。

K1	P1	R1
K2	P2	R2
K3	P3	R3

このマップを用いて、本書では学習過程をたとえば次のように示しています。

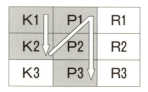

◇ K1→ P1→ P2→ K2

個別の知識・技能を未知の状況に当てはめ、分析・解釈することを通して法則を見出し、概念化する。

上記が概念的知識獲得の典型例ですが、次のように、知識を使う経験を通して概念は強化され、定着していきます。

◇ K1→ K2→ K3

個別の知識を法則化（概念化）し、その法則（概念）を使うことで法則（概念）の理解を確かなものにする（知識の意味を理解する）。

◇ K1→ K2→ P1→ P2→ P3

個別の知識を法則化（概念化）し、未知の別の場面に当てはめて使うことで法則（概念）の理解を確かなものにする（知識の意味を理解する）。

◇ K1→ K2→ R1→ R2→ R3

個別の知識を法則化（概念化）し、教科書の外の世界（自分自身のこと、世の中のこと）の課題を自ら発見してそれに合うように法則・概念を修正し、課題を解決する（実際にはRへ進む際にPを経由することになります）。

いずれの場合でも、**K2（概念的知識、知恵）を必ず通るようにする**ことで、「活動あって学びなし」を回避することができます。また、活動の振り返りの際にはK2に戻り、概念的知識、知恵を確かなものにするという見通しも立ちます。

スキルコードで深める中学校理科の授業モデル

もくじ

推薦のことば……………………………………………………………………3

はじめに…………………………………………………………………………4
　◇資質・能力の育成
　◇資質・能力の可視化
　◇21世紀に求められる知識
　◇PDCAサイクル
　◇スキルコードについて
　◇学習ロードマップ

第1部 理科が目指す、これから求められる「資質・能力」の育成　13

Ⅰ　理科の資質・能力……………………………………………………………14
Ⅱ　理科のスキルコードと資質・能力…………………………………………14
Ⅲ　理科の学習ロードマップ……………………………………………………16
Ⅳ　スキルコードを利用した授業改善
　　―発問による課題提示の工夫―……………………………………………17
Ⅴ　パフォーマンス課題による資質・能力の評価……………………………18
　　(1) 簡易なパフォーマンス課題の例………………………………………19
　　(2) 自由研究で発揮される資質・能力……………………………………21
　　(3) 探究に向かうパフォーマンス課題の例………………………………22

第2部 スキルコードで深める理科の授業モデル

実施学年 **1年**

1 植物の体を観察する基本的な技能 …………… 26
  （単元：植物の生活と種類）

2 自ら計画を立てて身近な生物を観察し、
  考察する力 ………………………………………… 30
  （単元：身近な生物を観察しよう）

3 動物の分類について自ら学び、
  表現する力 ………………………………………… 34
  （単元：動物のなかまと進化）

4 物質の分類についての思考力・判断力 ……… 38
  （単元：物質の性質）

5 実験方法を見通しを持って立てる力 ………… 42
  （単元：水溶液の性質）

6 溶液を分ける方法を理解して実験する力 …… 46
  （単元：物質の状態変化）

7 光の性質を科学的な視点で考える力 ………… 50
  （単元：光の性質）

8 火山の違いについて
  仮説を立てて確かめる力 ………………………… 54
  （単元：火山〜火を噴く大地〜）

実施学年 2年

9 生命の多様性と共通性を
細胞レベルで理解する力 ……………58
（単元：生物のからだと細胞）

10 腎臓のはたらきを疑問から考える力 ……………62
（単元：不要物の排出はどのように行われるか）

11 反応時間について、
実験を計画して確かめる力 ……………66
（単元：行動するしくみ）

12 理論値と実験値のずれの原因を考える力 ………70
（単元：化学変化と原子分子）

13 物質の性質の違いを確かめて
化学変化を理解する力 ……………74
（単元：いろいろな化学変化）

14 現象を説明する妥当な考え方を
作り出す力 ……………78
（単元：電磁誘導と発電）

15 大気圧を理解して様々な現象を
説明できる力 ……………82
（単元：水中や大気中ではどのような力がはたらくか）

実施学年 3年

16 理論を検証する力と実験を設定する力 ……… 86
（単元：遺伝の規則性をしらべよう）

17 中和を確認する方策を考える力 ……… 90
（単元：酸・アルカリとイオン）

18 予想や仮説を発想する力 ……… 94
（単元：力と運動）

19 天体の位置関係や運動を俯瞰する視点から考える力 ……… 98
（単元：月の満ち欠け）

20 さまざまな学習内容を結び付けて考える力 ……… 102
（単元：太陽系と宇宙の広がり）

21 理科の学びを生活の中で活用する力 ……… 106
（単元：自然・科学技術と人間）

おわりに ……… 110

執筆者一覧 ……… 111

第1部 理科が目指す、これから求められる「資質・能力」の育成

I 理科の資質・能力

理科が生徒に求める資質・能力は明確であり、改訂された新しい学習指導要領中学校理科の目標は次のとおりである。

> 自然の事物・現象に関わり、理科の見方・考え方を働かせ、見通しを持って観察、実験をおこなうことなどを通して、自然の事物・現象を科学的に探究するために必要な資質・能力を次のとおり育成することを目指す。
> (1) 自然の事物・現象についての理解を深め、科学的に探究するために必要な観察、実験などに関する基本的な技能を身に付けるようにする。
> (2) 観察、実験などを行い、科学的に探究する力を養う。
> (3) 自然の事物・現象に進んでかかわり、科学的に探究する態度を養う。

上記の (1)、(2)、(3) は、それぞれ

> ・生きて働く【知識・技能】の習得
> ・未知の状況にも対応できる【思考力・判断力・表現力】等の育成
> ・学びを人生や社会に生かそうとする【学びに向かう力・人間性】の涵養

と結びついている。このように、資質・能力の内容は明確であるが、中学校の教師にとって、これら3つの資質・能力を毎日の理科授業のどの場面で生徒に育成できているのか、きちんと整理できている人はまだ少ないのではないだろうか。

生徒がグループで話し合う場面を設定して発表させることは、生徒に思考力や判断力・表現力を発揮させるたいへん良い機会を与えていると考えられるが、それらの活動の中で生徒が発揮している資質・能力を、教師がきちんと評価することができているだろうか。

資質・能力を生徒が発揮できる場面を作ることと、生徒が発揮した資質・能力を評価することの2つが教科指導の両輪としてはたらくことによって、今度の学習指導要領を前に進めることができる。本書では、このための手立て・道具として、ブルームらが提唱した教育分類学（改訂版タキソノミー、2001年）に基づいて制作した、『スキルコード』の活用を提案する。

II 理科のスキルコードと資質・能力

本書で示す理科のスキルコードは、理科の授業で生徒に育成する資質・能力を、ブルーム・タキソノミーの認知過程と対応させることによって、生徒にとっても教師にとってもより明確になるようにまとめたものである。学習指導要領が示す資質・能力に対応して、理科では表1に示す通り、(1) の知識・技能が基礎力Kスキル、(2) の思考力・判断力・表現力

が実践力Pスキル、(3)の学びに向かう力・人間性が探究力Rスキルと考えている。

表1　理科のスキルコード

	知識・技能	思考・判断・表現	学びに向かう力・人間性等	
	習得	活用	探究	
	基礎力 Kスキル	実践力 Pスキル	探究力 Rスキル	
知識レベル↓	教科書の世界		教科書外の世界	
事実的知識	K1 知識を用語として獲得する	P1 別の事物・現象においても同じ知識を使えることを知る	R1 自分自身や身の回りのことについて学んだことを使う課題を発見する	知識
概念的知識	K2 知識の意味内容を理解し説明できる	P2 別の事物・現象に当てはめて学んだことを理解し説明できる	R2 自分が設定した課題を解決する手立て（知恵）を見出す	知恵
遂行的知識	K3 知識を使うことで意味内容を理解する	P3 別の事物・現象について知識を使うことで意味内容を理解する	R3 知恵によって課題を解決する	実経験
メタ認知的知識	K4 世界や自分の現状を理解する	P4 世界や自分の現状を考える	R4 課題を科学的に解決することができる普遍的な方略を身につける	
認知過程→	知識・理解	分析・応用	評価・創造	

　このスキルコードは一つの目安であるが、これを用いると理科の授業内容を、資質・能力の視点でわかりやすく整理することができる。

　教師は教科のさまざまな領域の授業を、指導計画や指導案に従って日々おこなうが、中学校の理科は指導内容が多く、毎日の授業は内容を中心とした展開になりがちである。しかし、時間中の生徒の理解をより確かなものとして、科学的に探究することができるように生徒を育てるためには、一つひとつの授業の中で育成を目指す資質・能力を、教師が常に意識していることが非常に重要である。単元計画や指導案の中に、K1やK2など、その時間に生徒に育む資質・能力をスキルコードで記載すると、授業でやるべきことがいっそうわかりやすくなる。

　例えば、各単元の初めに様々な用語の説明などをおこなう授業はK1と位置付けられるし、授業中の発問によって生徒に考える場面を作ることを重視する展開や、話し合わせて発表させる展開は生徒の内容理解を促す活動であり、K2スキルが育成できる。

　理科は事物・現象を観察、実験を通して学習するが、教科書や教師が配付するワークシートの指示に従って進める観察、実験は、必要な技能や手続きを身に付けるための学習であり、表1のスキルコードではK3と位置付けられる。この一方で、教師が自分の生徒に合わせて工夫をした観察、実験などをおこなうことは、P2やP3と考えることができる。さらに、学習したことから生徒が自ら課題を見いだし、課題を理解し、課題解決の実践をおこなうという探究の過程は、R1→R2→R3であらわすことができる。身近な生活の中に見つけた課題や

SDGsが示す持続可能な社会の構築に係る課題に、生徒が主体的にチャレンジすることは理科教育の最終目標である。

また、中学校理科では、理科を構成する4つの領域ごとに、それぞれの方法で自然の事物・現象を捉えることが示されている。「エネルギー」を柱とする物理的領域では量的・関係的な視点、「粒子」を柱とする化学的領域では質的・実体的な視点、「生命」を柱とする生物的領域では多様性と共通性の視点、「地球」を柱とする地学領域では時間的・空間的な視点で捉えることとなっている。ただし、これらの視点はそれぞれの領域だけで用いられるものではないことに留意する必要がある。

このような各領域の視点で事物・現象を捉えることは、理科のスキルコードでは、生徒の学習が基礎力Kスキルから実践力Pスキルへ、学びの認知を深める過程で発揮されるのであり、授業の中にKスキルからPスキルへ向かう展開を、発問の工夫などで作ることによって、それぞれの視点が生徒に身に付いているかどうかを確かめることができると考えられる。

Ⅲ 理科の学習ロードマップ

中学校の理科では、思考力、判断力、表現力等に関連して、それぞれの学年で重視されている学習の過程をふまえて指導することが重要なこととなっている。

中学校の第1学年では「問題を見出す」こと、第2学年では「解決する方法を立案し、その結果を分析して解釈する」こと、第3学年では「探究の過程を振り返る」ことなどの学習過程が求める資質・能力に結び付いている。

この学習過程をたどることを、スキルコードによって分類された学習段階をロードマップで示すことで、教師も生徒も、より明確に学習の流れを理解することができる。

例えば、「問題を見出す」ことは、主としてK1→K2であり、「解決する方法を立案し、その結果を分析して解釈する」ことはK2→K3→K2であり、「探究の過程を振り返る」ことはK2→P2やK2→P2→R2というロードマップで考えることができる。

理科の典型的な学習過程を、学習ロードマップで可視化してみる。

(1) 単元の学習内容（法則など）を概念化する【内容知】

K1	P1	R1
K2	P2	R2
K3	P3	R3

◇K1→K2→K3→K2
K1：単元の基本的な用語や法則などを知る。
K2：単元の学習内容を理解する。
K3：観察、実験で学習内容を確かめる。
K2：観察、実験の結果から内容を考察して身に付ける（概念化）。

この学習過程では、自然の事物・事象についての知識・技能を、観察や実験などによって分析・解釈することを通して、事物・現象の仕組みや法則を理解して概念化する。

理科の学習では一番多い学習過程であり、生徒の理科学習の基盤を作るものといえるので、理科の授業ではこの学習過程をしっかり築くことを重視したい。

(2) 自然を理解するための探究方法を身に付ける【方法知】

K1	P1	R1
K2	P2	R2
K3	P3	R3

◇ P1→ P2→ P3→ P2

P1：別な事物・現象に対して、単元で学んだことをあてはめる。
P2：あてはめた内容で、事物・現象を理解する。
P3：観察、実験などによって確かめる。
P2：実験・観察の結果を考察し、実験方法を振り返って適切な方法を身に付ける。

　この学習過程では（1）で身に付けた学習内容を、他の事物・現象に適用することによって自然を理解する方法を身に付けるものである。

　教師が教科書の内容を少し発展させた発問や事例を見せることなどによって、生徒の意識・考えを少しずつ広げながら、授業を進めることが重要である。生徒自身が、学んだ知識の記憶から理解を深めていくためには、授業の展開の仕方を工夫し、スキルの段階を教師が理解して授業することが求められる。

(3) 自然を理解するために探究方法を活用する【方略知】

K1	P1	R1
K2	P2	R2
K3	P3	R3

◇ P2→ R1→ R2

P2：別な事物・現象に対しても、単元で学んだことがあてはめられることを理解する。
R1：学んだことを使って解決可能な身の回りにある課題を見出す。
R2：見出した課題を解決する手立て（方法）を考える。

　この学習過程では、（2）で身に付けた学習方法を身の回りの事物・現象に適用して、課題発見から探究の過程をおこない、探究の方法を身に付けるものである。

　R2で見出した手立てを用いて実践活動をおこなうことができれば、R3へとさらに発展していくことが可能である。

Ⅳ スキルコードを利用した授業改善
　　―発問による課題提示の工夫―

　スキルコードを意識した授業をおこなうことは、目の前の生徒達が何を身に付けたかを常に意識することにつながる。電子やイオン、遺伝子といった用語の知識やガスバーナーの扱い方の技能など、基礎を固める場面でも、火成岩と深成岩の違いを考えさせる場面でも、生徒にどのようなことを問いかけるか、発問とスキルコードの結びつきを常に意識することによって、生徒が「何を理解できているか」、「何ができるようになったか」を教師が把握することできる。このことを、本書の授業実践の中から場面ごとに事例を紹介する。

(1) 理解を深める場面の発問（K1からK2へ）

　授業で新出用語の説明をした後で、次のような問いかけをおこなうと、学習した用語の理解へ生徒を導くことができる。
　「火山の形と噴火のようすには、どのような関連性があるだろうか。」
　「燃焼によって、鉄はどのような仕組みで別の物質に化学変化をしたのであろうか。」

「月には表裏（写真）があり、地球にはいつも表しか向けていない。どうしてだろう。」
　これらは、スキルコードでは理解を獲得させるためのK2スキルのための発問である。

(2) 実践力へつなげるための発問（P2、P3へ）

　実験をおこなうことは、中学校の各領域で生徒の理解を深めるために重要な活動であるが、教科書の流れに沿った実験は前述したとおりK3スキルという位置づけである。しかし、実験の中で生徒の理解を深めるために、「エタノールを沸騰させると気体になるが、どのように液体のエタノールを得たらよいだろうか。」という問いかけで、実験方法を考えさせることで生徒の理解を深める取組は、他の場面でも適用できる実践力につながる。また、ストローでコップの水を吸い上げる仕組みを説明した後で、「このストローをものすごく長くして、中の水の量が増えたらどうなるだろう？」という発問は、別の場面設定で生徒が考えることによって理解を深めさせる（P2スキル）ことができる。

　また、10円玉を使った遺伝の実験では、「遺伝のF2の結果を、手元にある10円玉2枚で検証してみよう。どういう実験をすればよいだろうか。」と問いかけると、実験道具が10円玉だけなので生徒は取り組みやすく、P3スキルにつなげることができる。

(3) 探究力につなげる発問（K2からP2を経てR2、R3へ）

　観察、実験のまとめと考察の場面は、その単元で獲得を目指す生徒の資質・能力を最大限に育成できるはずであるが、多くの授業では、教科書に示された結果の確認に終わってしまっている。本書が示す事例では、結果を確認するだけでなく、結果を基に生徒に考えさせ、P2スキルである思考力、判断力、表現力を育成し、さらに探究力R2の獲得につなげるために、次のような発問を、それぞれの授業の内容に応じておこなっている。

　「夏に尿が少なくなる理由を、今日習った内容を使って説明してみよう。」
　「指示薬を使わずに、酸とアルカリが反応したことを確認するには、どうすればよいか。」
　「学校の中で、自然放射線の多い場所はどこかを調べてみよう。」
　「みんなの発表から、地球にだけ生命が誕生した理由は、『水』があり、『温度が適温』で『酸素』があるからとあるが、なぜ『水』『温度』『酸素』が必要なのだろうか。」

　以上のように、資質・能力を育成するためには、授業のねらいを明確にすることは当然であるが、生徒が何を身に付けたのかを、さまざまな発問で教師が確認をし、適切なコメントによる評価で生徒に伝えることがたいへん重要である。

Ⅴ　パフォーマンス課題による資質・能力の評価

　平成27（2015）年と平成30（2018）年に実施された全国学力・学習状況調査の理科の調査問題は、問題として設定されている場面に注目すると、出題者（＝文部科学省）の意図が明確であることがよくわかる。生徒に身の回りの場面に関することを問いかけ、学校の授業で学んだ理科の知識で説明することができる資質・能力を、中学生が身に付けているかどうかを評価しているのである。本書のP2、P3に相当するスキルを問っていると考えられる。

このような理科の問題を、学校の教師が定期考査で作ることは簡単なことではないが、生徒の資質・能力を評価する試みがなければ、教師にとっても自分の授業の成果を確認することができないことになる。日頃の授業の中で、生徒が身に付けた資質・能力を測る試みが必要である。

　本節では、単語テストや漢字テストのように短時間で実施できる簡易な実験課題（実験を演示で示してもよい）で、生徒のP2、P3スキルに相当する資質・能力を測ることを提案する。これらのパフォーマンス課題は、簡易なワークシートに記述させて10～5点満点程度の点数で評価してもよいし、ルーブリックによるA、B、C評価をおこなってもよい。単元ごとに、このようなパフォーマンス課題を実施して、単元で身に付けることができた資質・能力を教師と生徒の両方で確かめるのである。

(1) 簡易なパフォーマンス課題の例

　10分から20分程度で生徒の資質・能力を測ることができる簡易な課題の例を紹介する。

① 輪ゴムを引く長さと飛距離はどのような関係になっているのか
　　各班に、輪ゴムと30cm定規を配付して、輪ゴムの飛ぶ距離を調べる実験である。どこから飛ばすか、輪ゴムを引く長さをどのように測るか、飛ばす角度はどうするかなど、飛距離に関係する条件を正しく理解する必要がある。
［測りたい生徒の資質・能力］　・結果に関係する変数は何で、どのように測定するか。
　　　　　　　　　　　　　　・一定にすべき条件を理解しているか。

② ストローとマッチの吹き矢を、できるだけ遠くまで飛ばすにはどうしたらよいか
　　各班にストローとマッチを配付して、マッチを遠くに飛ばす条件を考える課題である。吹く息の強さを一定にすることが難しいことや、ストローの中のマッチを置く位置が飛距離に関係することに気づく必要がある。
［測りたい生徒の資質・能力］　・飛距離に関係する量を見出し理解しているか。
　　　　　　　　　　　　　　・何を一定にして、何を変数として、どのように測定するか。

③ 紙の動物模型はなぜトコトコ歩くことができるのか
　　工作用紙で作った4本足の模型の動物を、傾けた板の上に置くと、滑らずにトコトコ歩くように動いて坂を下っていく。紙がこのように動く理由を考える課題である。
　　※ 板と紙の模型を用意して簡単に実験させるとよい。
［測りたい生徒の資質・能力］　・板の角度に注目できるか。
　　　　　　　　　　　　　　・紙の足と板の摩擦力を考えるか。

・模型の重さや体の重心など、他の様々な条件を検討できるか。

図1 紙の動物模型

④ 扇子と団扇、どちらで扇ぐ方がより涼しいか
　扇いだときの涼しさを比較することができる方法を、思考実験で考える課題である。扇いだときの風の強さを吹き流しの角度やプロペラの回転で調べる方法、モーターによる発電で測定する方法や、水、アルコール等の蒸発量に注目する方法が考えられる。
[測りたい生徒の資質・能力]　・何をどのように測定するか、具体的（定量的）で科学的な方法を考えることができるか。
　　　　　　　　　　　　　・複数の測定方法を考えられるか。

これらの課題を、生徒に実際に取り組ませる場合は、取得したデータを整理することやグラフを用いて結果を表すことを評価の項目に加えるとよい。

また、生物や身の回りの物質の分類に関連させて、次のような課題も考えられる。

⑤　机上の玉砂利を、様々な分け方で分類してみよう
　ホームセンターで販売している玉砂利を紙ボウルで各班に配付し、石を分類する方法をできるだけ数多く考えさせる。形や大きさ、色などの条件が出てくるが、色や大きさの違いをどのように区別するかを考えさせることも良い課題となる。

図2 分類の例（上記の分類の基準は何か？）

[測りたい生徒の資質・能力]　・どのような基準で分類するか。
　　　　　　　　　　　　　・分類する基準の妥当性を考えられるか。

⑥　机上のプラスチックを、様々な分け方で分類してみよう
　生徒に、家にあるプラスチック製品（レジ袋、プラスチックスプーン、ペットボトル、クリヤファイル、ビニール袋、各種お菓子の袋など）を持ってこさせて、集めたプラスチックを分類する方法を考えさせる。色や透明度、柔らかさなど様々な分類方法がある。
[測りたい生徒の資質・能力]　・分類の基準をいくつ考えることができるか。
　　　　　　　　　　　　　・「密度」など測定可能な基準を考えられるか。

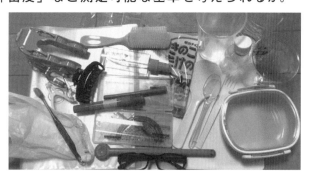

図3　家庭から集めたプラスチック製品の例
（文房具、洗濯用具、キッチン用具、各種パッケージなど）

⑥のプラスチックの分類では、集める作業をおこなうことで、家庭の様々なところでプラスチックが使われていることを生徒に気づかせることができる。

次に、パフォーマンス課題を自由研究に結び付けた事例を紹介する。

(2) 自由研究で発揮される資質・能力

（1）①②の課題例に関して、ある中学校の2013年度の1年生に夏休み前に実施したところ、夏休み終了後に提出された自由研究の内容が、前年度に比べて、調べ学習だけの研究が18件から1件になり、何かを測定した研究が14件から46件となった。研究テーマは、「リモコンの近赤外線を通すもの通さないものについて」、「囲いや持ち方による線香花火を長く保たせる方法」、「ベーキングパウダーと重曹のお菓子の膨らみ方の違いについて」等、身近なものが多く、測定した内容も表2（次ページ）に示すとおり、2、3年生と比較しても多様なものとなり、グラフを使って測定の結果を示す生徒がたいへん多くなっていた。

表2　A中学校の生徒の自由研究における測定の種類

測定の種類	重さ	温度	時間	長さ	その他	グラフ有
2012・1年生	0	4	3	4	3	3
2013・1年生	5	10	9	10	14	25
2013・2年生	5	3	2	6	7	3
2013・3年生	7	6	5	4	10	10

　また、自由研究の報告書提出から2ヶ月後に理科の学習と自由研究について、生徒の意識調査をおこなったが、「理科の学習が自分にとって将来役に立つ学習であると思う。」「自由研究が自分の理科の学習にとってプラスになったと思う。」という2項目で、1年生の意識が2、3年生よりも統計的に高いことが明らかになっている。

　このように、パフォーマンス課題を経験させる指導をおこなうことによって、生徒の実践力スキルを育成し、さらなる探究活動につなげることが可能である。
　生徒が自分で探究できることが、必要な資質・能力を身に付けた証である。指導に際して留意すべきことは、授業の中に生徒がスキルを使う場面を作り、何ができて何ができなかったかを生徒自身に理解させることである。

(3) 探究に向かうパフォーマンス課題の例
　50分の授業時間でおこなう、探究活動と結び付けた課題（物理領域）を紹介する。

⑦　プラスチックレールを使ったエネルギー保存の確認
　秀明大学の4年生（平成30年卒業）が考えた探究型の実験課題をおこなう授業である。ホワイトボードにプラスチックレールを磁石で貼り付け、鉄球が滑り落ちる速度を簡易速度計で測定する実験を各グループに分かれて取り組む授業である（図4）。このとき、レールの傾きの角度を変えても、測定する最下点での鉄球の速さが同じになる場所を、生徒がホワイトボード上で探す活動をおこなって、運動エネルギーと位置エネルギーの変換について考える課題である。

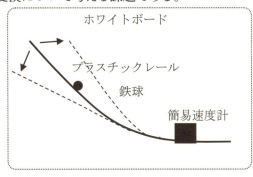

図4　プラスチックレールを使ったエネルギー保存の実験

この授業の後、次のような課題を考えさせると、運動とエネルギーについて生徒の理解をさらに深めることができるだろう。また、この課題は生徒に実験をおこなわせてもよい。

⑧　ビー玉が最短時間で転がるコースの課題

　Ｌ字形に木材を組み合わせた装置の２点Ａ・Ｂを結ぶコースをプラスチックのレールで作り、ビー玉をこのコースの上を転がして、できるだけ短い時間で通過させたい。どのような形のコースを作ると、ビー玉がより短い時間でＢ点にゴールできるだろうか。

図５　プラスチックレールを使ったパフォーマンス課題
（点線は答の例である。）

次に紹介する授業は、少し遊びの要素を取り入れて、中学生の実践スキルと探究スキルを育成する課題例である。

⑨　クリップをたくさん持ち上げる電磁石の課題

　10mの長さのエナメル線を巻いて電磁石を作り、乾電池１個でどれほどのゼムクリップを持ち上げることができるかを競う授業である。生徒のグループが選べる条件は「巻くための芯とする釘やボルトの選択」と、それらにどのように巻くか「巻き方」の２点である。

　釘とボルトは太さと長さが異なるものを10種類ほど用意して、その中から一つだけ選ばせる。エナメル線の太さは0.6φを用いたが、配る長さも太さも、同じ条件であればよいし、生徒にこれらの条件を選択させてもかまわない。

　電磁石を強くするためには、銅線に流れる電流の強さや巻き数など、さまざまな条件が関係する。右写真の記録は200個程度であった。

　実験をおこなうと、それぞれの電磁石の周りの磁力線の様子がよく分かり、磁界についての生徒の理解を深めることができる課題である。

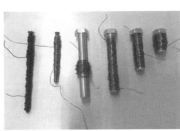
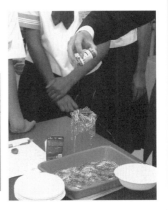

図６　電磁石の課題

⑦⑧⑨のパフォーマンス課題の例では、ワークシートに記述させる項目を工夫して、実験の結果だけではなく、生徒の考えを引き出すようにすることが大切である。例えば、『なぜそのコースの形にしたのか』『なぜその釘を選んだのか』等を書かせ、予想とは異なる結果となったときに、異なった理由とより良い実験結果を得るための修正の方法を書かせることを評価の観点として設定するとよい。

　本節Vで紹介したような、生徒の資質・能力を評価するための課題の実施を理科の年間指導計画の中に位置づけ、定期考査の結果と併用しながら生徒の評価をおこなうことが、今後の理科教育の実践で求められる最も重要な取組である。
　なお、改訂された学習指導要領中学校理科では学習内容の一部が学年間で移行しており、本書が第2部で紹介する授業モデルの配置も基本的にこれに対応させている。しかし、授業モデルは執筆時の授業実践をふまえて書かれたものであるので、単元計画を含めて、一部の内容は学年をまたいでいるものがあることをお断りしておく。

〔大山光晴〕

第2部

スキルコードで深める理科の授業モデル

育てる資質・能力

植物の体を観察する基本的な技能

実施学年 **1年**

単元名▶植物の生活と種類

1 実践の概要

(1) 資質・能力の概要

　新学習指導要領における中学校理科の「植物の生活と種類」の単元の目標は、「身近な植物などについての観察、実験を通して、生物の調べ方の基礎を身に付けさせるとともに、植物の体のつくりと働きを理解させ、植物の生活と種類についての認識を深める」である。しかし、生物を調べるにあたっては、そのままの状態を観察しても分からないことが多い。
　そこで、植物の体を詳しく顕微鏡で観察するためには、茎の横断面の薄片を作成する技能を身に付ける必要がある。また、2008年にノーベル賞を受賞した下村脩教授の緑色蛍光タンパク質（GFP）の発見は、飛躍的に発展している生命科学分野で欠かせない"道具"となっており、様々な工夫によって生物の体のつくりが分かる。本単元では"道具"として色水を使い、身に付けた技能を使って身近な植物である野菜の茎のつくりの観察を行い、その観察結果に基づいて、茎のつくりの基本的な特徴を見出すとともに、それらを光合成、呼吸、蒸散に関する実験結果と関連付けて捉える資質・能力を育成する。

(2) 単元目標

・身近な植物などについての観察、実験を通して、生物の調べ方の基礎を身に付ける。

（知識・技能）

・植物の体のつくりと働きを理解し、植物の生活と種類についての認識を深める。

（思考・判断・表現）

・薄片の作成に積極的に取り組み、どのような方法にすればより薄くできるか挑戦する。

（主体的に学習に取り組む態度）

(3) 学習ロードマップ

K1	P1	R1
K2	P2	R2
K3	P3	R3

K1：色水が通った管が道管であることを指摘できる。
K2：観察した植物が双子葉類か単子葉類か区別できる。
K3：双子葉類・単子葉類の根のつくりを選択できる。
P2：植物の分類を茎の維管束の分布から説明できる。
R2：ダイコンの断面を観察し、茎と根の部分を見分ける。

(4) 単元計画

第1時 身近な生物を観察しよう（K1　K2　K3）
校庭や学校周辺の生物の観察を行い、いろいろな生物が様々な場所で生活していることを見いだすとともに、観察器具の操作、観察記録の仕方などの技能を身に付け、生物の調べ方の基礎を習得する。

第2時 植物のつくりとそのはたらき（K2　K3）
いろいろな植物のからだのつくりの観察を行い、その観察記録に基づいて、植物のからだのつくりの基本的な特徴を見いだすとともに、それらを光合成、呼吸、蒸散に関する実験結果と関連付けて捉える。

第3時 植物の仲間（P2　R2）
花や葉、茎、根の観察記録に基づいて、それらを相互に関連付けて考察し、植物が体のつくりの特徴に基づいて分類できることを見いだすとともに、植物の種類を知る方法を身に付ける。

2 実践のポイント

　今回、身に付けさせたい実験技能として顕微鏡での観察に欠かせない「薄片の作成」を取り上げる。光学顕微鏡では試料の下から光を照射して、その透過光をレンズによって結像させて観察すが、光を透過させるためには試料を薄くする必要がある。一人5枚の薄片を作成し、班の中で一番薄く切れたものを使用することとした。生徒は互いにその技能を競い合うという環境の中で、目的意識をもって実験を行い、科学的に探究する能力の基礎と態度を育てることができる。

　生徒実験とは別に、ダイコンに色水を吸わせたものを用意する。これは同時期に国語科で「大根は大きな根？」の教材を扱っており、普段、生徒が口にしているダイコンが根の部分と茎の部分があることを学習している。このことを利用して、ダイコンのどこまでが根で、どこからが茎なのかを、維管束の分布を観察することで判別することとした。これにより、根の維管束の分布について復習するとともに、水の通り道が根から茎、葉まで続いていることを推測できる。

3 本時の展開（第2時）

(1) 道管についての復習

根から吸い上げた水が通る通り道を何というか。　　　　　　　　　　　　　　（K1）

(2) 植物の分類についての復習

> 被子植物には2種類あったが、それは何か。　　　　　　　　　　　　　　　　(K2)

双子葉類と単子葉類について、茎の維管束の分布による見分け方を復習させる。

> その2種類の植物について、茎の維管束のつくりによって見分けることができるが、それぞれどのような特徴であったか。　　　　　　　　　　　　　　　　(K3)

　植物の茎は一見しただけでは維管束の場所を判別するのは難しい。どのようにすれば観察しやすくなるか、その方法を見出させる。難しい方法ではないので、すぐに色水を使う方法を挙げられる。茎の断面の薄片を作るためにカミソリの刃を用いるが、非常によく切れるため、細心の注意が必要である。危険な器具を扱うという実験の技能を高めるために、以下の約束を守らせる。

・ぶつかったり転んだりしたときに事故が起こりうるため、実験中に立ち歩かない。
・手が滑ったなどの事故が起こりうるため、他の人に渡す際には机に置いて取ってもらう。
・放置してしまうと手をついたときにカミソリの刃があるといけないので、置き場所を机上の中心と決める。

(3)《実験》茎の横断面薄片の作成とその観察

> 顕微鏡で観察するため、植物の茎を薄く切る。

　試料としてアスパラガスとシュンギクを用いる。これは身近な植物であるため、生徒の興味を引くとともに、茎が比較的柔らかく、切断が容易であることから最適である。
　今回使用するカミソリの刃について説明の段階で切って見せ、どれだけ危険かを認識させた上で、先に上げた約束を挙げる。

> **実験手順**
> ① 色水を吸い上げた植物の茎を、カミソリの刃でできるだけ薄く切る。
> ② 作成した薄片はシャーレにいれて、乾燥を防ぐためにふたをしておく。
> ③ 一人1種類5枚の薄片を作成し、その中で最も薄いものをスライドガラスにのせる。
> ④ その薄片を顕微鏡で観察する。

　カミソリの刃によるけがを防ぐため、薄片の作成が終わった後、カミソリの刃を回収してから観察に移る。薄片の作成中に生徒から「先生、こんなに薄いのができた！」という感嘆の声が上がるため、「お、○○君がこんなに薄く作ったよ！」と紹介をすると、生徒がより競い合って薄いものを作ろうとする。また、途中で切れてしまっても顕微鏡による観察に問

題がないことに気付くことができれば実験の能力が高いといえる。

(4) 結果の記録

作成した断面について、スケッチをする。スケッチの仕方についてはすでに学習しているが、言葉による記録も大切である。どうしても絵を描く方に夢中になるが、言葉での記録を重視する。これにより科学的な表現力を身に付けることができる。また、発表の時間を設け、記録した言葉を共有すると、周りの生徒もその能力を高めることができる。

(5) 結果の考察

> 観察した植物は、それぞれ単子葉類であったか、双子葉類であったか。　　　　(P2)

色水を吸い上げたことによって観察しやすくなった道管の分布の違いから、植物の分類についてその違いを比べることができた。また、身近な野菜が現在学習している単子葉類、双子葉類に分類でき、興味を持って調べる方法を身に付けた。

別に用意したダイコンの横断面の観察では、複数の断面を見せることで根から茎になるにつれてどのように道管の分布が移り変わっているかを確認でき、国語科との教科横断型の学習成果が得られた。

4 授業改善の視点

本単元では全員が薄片の作成を行い、意欲的に参加した。実験においては、積極的に参加する生徒とそうでない生徒が生まれやすい。全員の参加を義務づけることによって関心・意欲・態度について育てられた。中学・高校時代の成績の差は、意欲の差によるところが大きいため、このような全員参加型の実験を行うことによって大きな学習成果が得られると考えられる。観察する内容としては教科書や資料集を見れば結果の分かるものではある。しかし、その観察に至るまでの手順としてカミソリの刃を用いて薄片を作成することは教科書に載っていないが、新学習指導要領に掲げられている自然の事物・現象に進んで関わり、見通しをもって観察、実験などを行い、その結果を分析して解釈するなどの科学的に探究する学習につながると考えられる。

実際の実験では、手先が器用な生徒とそうでもない生徒がおり、薄片の作成にかかる時間が異なる。また、切ることに十分に時間を取ったため、観察・スケッチの時間があまり多く取ることができなかった。スケッチが今回の目的ではないため、省略もやむなしと思うが、時間の配分によって工夫の余地があると考えられる。

［佐々木貴史］

育てる資質・能力
自ら計画を立てて身近な生物を観察し、考察する力

実施学年 **1年**

単元名▶**身近な生物を観察しよう**

1 実践の概要

(1) 資質・能力の概要
　本単元では身の回りの生物に目を向け、まず教師の指示に従って、手に取りやすい植物を中心にルーペを用いた観察・スケッチ・レポート作成を行い、それらの方法を習得する。また、水中の微生物について顕微鏡や双眼実体顕微鏡を使用して観察し、その操作方法も確認する。これらの経験の中で、観察した生物の多様性と共通性の理解を深める。
　次に、上記の時間に得た知識・技能（基礎力：Kスキル）を活用して、生徒自ら観察したい身近な生物を決め、計画を立てて採集・観察・記録・考察・発表を実践する。さらに、グループでこれらの作業を行わせることで、互いを補い合いながら思考・判断・表現の力（実践力：Pスキル）を効果的に育むことが期待される。

(2) 単元目標
・校庭や学校周辺の生物について観察を行い、いろいろな形態をもつ生物が様々な場所にいることを見出して理解するとともに、観察器具の操作、観察記録の仕方などの技能を身につける。　　　　　　　　　　　　　　　　　　　　　　　　　　　　　　　（知識・技能）
・見通しをもって立てた計画に基づいて観察を行い、身近な生物の共通性や相違点を見出し、それをもとにして分類できることを理解する。観察の結果と考察を発表したり、発表を聞くことで、科学的な思考を深める。　　　　　　　　　　　　　　　　　（思考・判断・表現）
・校庭や学校周辺の生物の観察に進んで関わり、主体的に探究しようとする態度を養う。
　　　　　　　　　　　　　　　　　　　　　　　　　　　（主体的に学習に取り組む態度）

(3) 学習ロードマップ

K1	P1	R1
K2	P2	R2
K3	P3	R3

　K1：観察のために準備するもの、観察の進め方、観察される生物の特徴や種名、記録の取り方などを知る。
　K2：身の回りに、生息場所や形態などの多様な生物がいることを理解する。
　K3：観察、スケッチやレポート作成を適切な方法で行う。
　P1：採集・観察したい生物を生徒自身で決め、それらの方法を考える。

P2：生物の種類によって、採集場所や観察方法が異なることを理解する。
P3：生徒が自分の立てた計画に沿って、採集・観察・記録を行う。
P2：班ごとに考察・発表を行って理解を深める（概念化）。

(4) 単元計画
第1時　身近な植物などの観察と記録（K1　K2　K3）
第2時　水中の小さな生物の観察と記録（K1　K2　K3）
第3時　採集および観察計画を立てる（P1　P2）
　　　　グループごとに生徒自身が観察対象を決め、対象生物の採集、その観察と記録の計画をそれぞれ立てる。
第4時　採集・観察・記録（P3）
　　　　前時の計画に従い、グループごとに採集や観察などを行う。
第5時　観察結果の発表（P2）
　　　　前時の記録をもとに考察し、グループが行った探究活動について要点をまとめて全体に発表する。観察の目的、工夫や手立てを相手に分かるように伝える。質疑応答の時間を設けて意見交換を行う。

2 実践のポイント

　本単元では、身近な生物について、はじめに教師の指示に従って共通の対象生物を用いて観察を進めることで、その基本的な手順や方法を確認させる。次に、生徒自ら決定した対象生物について、主体的に計画を立てて新たな場面で採集・観察・記録をすることで、それらの力を養い定着させることをねらっている。

　最も重要な点は、生徒自身で考え計画を立てて実行に移す過程にある。このとき、達成感を持たせるために、限られた時間で実行できる内容にすることを心がけさせるとよい。また、予想と異なる結果が出ることが少なくないため、実際の結果をどのように受けとめて考察するかが鍵になることを、計画段階から予め生徒に伝え、根気強く取り組ませたい。

　さらに、グループワークによって共通の目的に向かって主体的に知恵を出し合う面白さや、思わぬ発見に喜びを共感する機会を持たせて、探究意欲を高めたい。

3 本時の展開（第4時）

～コケの中の微生物を観察したグループ コケ班 を例に～

(1) 前時にグループごとに決めた、観察対象とする生物、観察の目的、採集・観察・記録方法、を確認する

観察対象：コケの中にいる微生物

> 観察の目的：教科書で触れられていないコケの中には、どのような生物がいるかを調べ
>   る（できればクマムシを発見する！）
> 採集方法：地面に生えるコケをスコップで削りビーカーに集める
> 観察方法：コケの一部をシャーレに移して双眼実体顕微鏡を用いて観察。さらに、スラ
>   イドガラスに移して顕微鏡で観察する
> 記録方法：スケッチをし、可能ならばタブレットで写真を撮る

(2) 採集

　採集計画をもとに、グループごとに採集させる。採集する場所は登下校時に下見をさせることで採集場所を決めさせておき、採集時間を短縮させる。

> 校舎の北側にあるコンクリートの通路脇に分布していたコケを、スコップで削り、ビーカーにいくつか集めた。

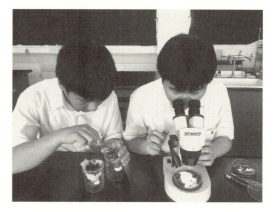

(3) 観察

　観察計画をもとに顕微鏡などの観察装置を準備。必要な装置はあらかじめ実験室のどこにあるか示しておく。シャーレやスライドガラス・スポイト・ピンセット・柄つきばり・ろ紙などの必要な備品は教卓の上に並べて自由に取らせる。なるべく教師や実験助手がやり方を助言せずに準備させる。操作方法などが誤っている場合は静かに指摘する。

> グループ内で双眼実体顕微鏡と顕微鏡を分担し、様々な大きさの微生物を探した。顕微鏡のピントの合わせ方などは、習得できている生徒が多かったのに対し、絞りを活用して視野を見やすくしたり、対物レンズの倍率を切り替えるときにはピントを合わせなおす必要がないことを理解している生徒は少なかった。また、動いている対象をレンズの中央に配置することに苦労していた。

(4) 記録

　計画に沿って記録をつける。この時、気温や観察装置の倍率も記す。また、観察の目的や

時間配分を忘れぬよう配慮する。各グループで観察が予想される生物の図鑑や資料を配付し参考にさせる。

> コケの中にいる生物をスケッチし、可能なものは撮影した。動きが速いものは観察自体に苦労していた。
> また、採集したコケに光を数時間当てることで、その陰に小さな生物が移動する習性を利用した装置［ツルグレン装置（下写真）］で、教師があらかじめ生物の密度を高めておいたところ、その中から、みごとクマムシを発見できた生徒がいた。別の生徒の発案から動画撮影を行うこともできた。

ツルグレン装置（手作り）

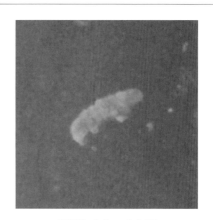
撮影したクマムシ類

4 授業改善の視点

　本単元は、身近な生物に目を配ることで、生物に対する興味や関心を引き出す絶好の機会である。また、観察のためのルーペや顕微鏡などの使用方法とスケッチの仕方を身に付けさせる重要な段階にあたる。そのため、なるべく多く時間を割いて作業を行わせた。特に、自ら対象生物を選び、計画を立てて観察をさせることで、実践力を養えるだろう。

　さらに、コケ班以外のグループでは、木の葉の形や葉脈に注目して分類したり、草花に訪れる昆虫に着目し、チョウ以外にも様々な生物が関わっていることに気づくところなどもあり、班ごとに観察対象を変えさせることで、生物の多様性を実感できるのもよい。

　今回は班ごとに計画を立てて採集・観察・記録・考察・発表を実践したが、発言力の強い生徒が先走って作業を進めてしまった場合、グループ全体の思考が反映されにくい点が懸念される。そのため、作業のはじめに班内全員の意見を確認しながら進めることを約束事にしておくとよい。観察の計画段階から、よく意見を出し合い、観察技能を高め、結果の発表において、生徒自身で今後の課題まで提示できれば理想的であろう。

［及川　到］

育てる資質・能力
動物の分類について自ら学び、表現する力

実施学年 **1年**

単元名 ▶ **動物のなかまと進化**

1 実践の概要

(1) 資質・能力の概要

　カメ・ペンギン・コウモリ・イルカ。これらが何類に属するのか、正確に答えられる中学生は驚くほど少ない。一般的な中学生の考えでは、キノコやイソギンチャクは植物である。生態系の保全とか、生物多様性の保持とかが叫ばれている中、これではいけない。地球上には様々な仕組みを持った生物が溢れており、生命の神秘を感じとってもらわなければ、将来、地球環境を守ろうと闘う人材など育たないだろう。

　この単元では、最初に脊椎動物の分類について学び、次に、無脊椎動物の分類について学ぶ。最後に、動物の進化の変遷について学ぶが、その前に、動物の分類をゲーム形式で学ぶ時間を設けた。具体的には、まずは1時間使って、PCルームで様々な動物について「何動物*」なのか（脊椎動物については「何類*」なのか）を調べさせた。それらの動物の写真をプリントアウトした上で、次の時間に、他の生徒に「何動物」かを当てさせるクイズ大会を行った。このようなゲーム形式を取ることで、生徒が自ら学び、表現する力を獲得することを目的とした。また、この授業を通して、生物多様性の重要さを実感できることが望ましい。
　　　　　　＊正確には、○○動物門と、類ではなく○○綱である。

(2) 単元目標
・インターネットを用いて、様々な動物の分類を正しく調べることができる。（知識・技能）
・系統関係に意外性のある動物を選択し、クイズにすることができる。（思考・判断・表現）
・クイズに積極的に回答し、動物の分類について興味を持つことができる。
　　　　　　　　　　　　　　　　　　　　　　　　（主体的に学習に取り組む態度）

(3) 学習ロードマップ

K1	P1	R1
K2	P2	R2
K3	P3	R3

K1：様々な動物について分類を調べる。
K2：クイズで出された動物の分類を推測する。
K3：動物の分類について調べクイズを作る。
P2：未知の動物に対しても、既知の動物と共通性を比較して分類を推測する。

R2：生物多様性を保持すべき理由を考える。

(4) 単元計画

第1時　脊椎動物の分類①（K1）
　　　　脊椎動物は魚類・両生類・爬虫類・鳥類・哺乳類に分別できることを理解する。

第2時　脊椎動物の分類②（K1）
　　　　脊椎動物はえら呼吸と肺呼吸、卵生と胎生、変温動物と恒温動物などに分類できることを理解する。

第3時　無脊椎動物の分類①（K1）
　　　　無脊椎動物のうち、節足動物と軟体動物のからだの仕組みを理解する。

第4時　無脊椎動物の分類②（K1）
　　　　上記以外の無脊椎動物について、どのような種類があるかを理解する。

第5時　様々な動物の分類について調べよう（K2　K3）
　　　　インターネットを用いて様々な動物の分類を調べ、クイズを作成する。

第6時　様々な動物の分類について推測しよう（K2　P2　R2）
　　　　それぞれの生徒が前の時間に調べた動物の分類をクイズ形式で発表し、その他の生徒はクイズに答えて正当数を競う。

第7時　動物の進化の道筋（K1）
　　　　動物がどのような変遷を経て進化してきたのかを理解する。

第8時　動物の進化の証拠（K1　K2）
　　　　動物が進化してきた証拠として、相同器官や中間形化石があることを理解する。

2 実践のポイント

　あらかじめ無脊椎動物について、教科書にある節足動物と軟体動物以外も紹介しておく。海綿動物・刺胞動物・扁形動物・輪形動物・軟体動物・環形動物・線形動物・棘皮動物・原索動物は必須だろう。単細胞生物は「五界説」においては「動物」ではないため、除外させた方がよい。既に絶滅した動物を調べさせるのも面白い。基本的にはWikipediaを活用する。各動物のページの上部に必ず分類が載っているので便利である。

　まずは、教師側で問題を出題する。10種類程度の動物名が書かれたプリントを配付し、それらの分類を調べさせる。単細胞生物と菌類も混ぜておいて、的確に除外させる。ここでは、ツールを適切に使い、自ら知識を獲得する力を経験を通じて身につけさせる。

　それが終わったら、自分の好きな動物について5種類程度調べる。その動物の画像をプリントアウトしてクイズを作成し、調べた内容を表現する力を身につけさせる。

　これらの作業を通して、どんな動物にも分類があること、それらをインターネットで簡単に調べられることを経験を通して理解させる。

3 本時の展開（第5時）

(1) 様々な動物の分類を調べる

> サンショウウオ・ペンギン・クジラ・ミジンコ・ゾウリムシ・カメ・カビ・ミミズ・ヒトデ・イソギンチャクは、それぞれ何に分類されるか。　　　　　　　　　　　(K2)

　インターネットを用いて、それぞれ何動物か（脊椎動物の場合、何類かまで）調べる。ただし、動物ではないものは「動物ではない」という結論にする。

(2) クイズの作成

> 自分の好きな動物を5種類選び、何動物かを調べる。その動物の写真をプリントアウトする。その上で、ダミーも含めて選択肢を10個用意し、クイズを作成する。余った時間は、次の時間のクイズに備えて、出てきそうな動物の分類を予習する。

（第6時）
(3) クイズの実施

> ① まず全員起立する。生徒には1〜10の番号が書かれたカードが配付されている。出題者は答えの選択肢を黒板に書いておく。
> ② 出題者が動物の名前を言い、画像を提示する。出題者以外の生徒は、自分が正解だと思う分類の番号のカードを掲げる。
> ③ 出題者が正解の番号を言い、間違った生徒は座り、正答した生徒はそのまま起立している。次の問題は、起立している生徒だけが解答できる。
> ④ ②〜③を5問繰り返し、最後まで生き残った生徒はポイントがもらえる。
> ⑤ 出題者の生徒を変えつつ①〜④を繰り返し、最終的にポイントが最も高かった生徒が勝者となる。

(4) 結果の発表

クラスの生徒全員が出題者をやるには時間が不足する。多くて15人くらいだろう。5問生き残り1回につき1ptとして、右のような結果となった。

順位	氏名	獲得pt
1	Y・I	12
2	S・U	11
3	Y・M	9
4	T・K	8
5	T・S	7

(5) 生物多様性の重要性の理解

> 今回、たくさんの生物とその分類について調べてみて、どう感じたか。　　　　（P2）

「今まで魚類だと思っていた動物が魚類ではなかった」「クラゲとイソギンチャクが同じなかまであるとは思っていなかった」「世の中にはこんなにもたくさんの種類の動物がいるということに感動した」「同じ分類の動物でも、環境に合わせて様々な形態を持っていることに驚いた」といった感想が得られた。生命の神秘と力強さを感じてもらい、最後に教師が話をまとめて、生態系や生物多様性の保護に興味を向けさせるのが望ましい。

次時では、どのような仕組みでこれらの多様な生物が生まれたのか、つまり進化の仕組みを学ぶ。これによって、ますます生命の尊さを認識し、自然に対する理解を深めさせたい。

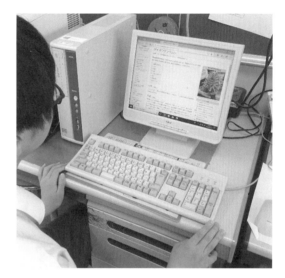

インターネットを用いて調べる

4 授業改善の視点……………………

分類だけでなく、「系統樹」の作成までできるとさらによい。例えば、恐竜も含めた爬虫類の系統関係は面白い。トカゲやヘビは恐竜とは系統が異なる。ムカシトカゲはミニ恐竜のようなイメージだが、やはり系統が異なる。カメの方が恐竜に近い仲間だ。動物ではないが、身近な果物や野菜の系統関係も良いテーマだろう。これらを正確に調べるためには、インターネットの検索スキル自体が高いレベルで必要となる。技術科の授業とも連携して、検索の技能を高めた上で、系統樹の作成にチャレンジしてみてはどうだろうか。

［兼松啓太］

育てる **資質・能力**

物質の分類についての思考力・判断力

実施学年 **1年**

単元名 ▶ **物質の性質**

1 実践の概要

(1) 資質・能力の概要

　本単元では今まで学んできた知識を生かし、実験を通して物質の性質の理解を深めていく。はじめに種々の物質を加熱し、その結果からわかることを明確にしていく。教科書には、身近な分類方法が記されているが、それ以外の方法がないかを生徒自身に考えさせていきたい。教師は、小学校で学んだ知識を用いて、電気を通すかどうか、磁石に引き寄せられるかどうか、などの方法が物質の性質を知る上で有効であることを導いていく。これらの実験から、物質の分類を生徒自身によって考えさせていくことが重要である。

　教科書に記されている実験を行って物質を分類していくことは大切なことである。その上で他の分類ができる方法がないかを生徒が自分で考えることは、物質の性質の本質を知ることにつながる可能性がある。自ら実験計画を立てることができるようになれば、その段階で、物質が持っている普遍的な性質を知ることにかなり近づいているといえる。

　最終的には、単元のまとめとして普遍的に行われている分類を理解することに導いていく必要がある。有機物・無機物、金属・非金属、密度などは、今までの実験と照らし合わせて、合理性のある分類法であることを学習することができる。

(2) 単元目標

- 物体と物質の違いを理解する。　　　　　　　　　　　　　　　　　　（知識・技能）
- 砂糖・食塩・ロウ・紙・木・鉄・プラスチックを加熱することにより、どのような変化が生じたかを観察する。さらに、火がついた物質は、石灰水が入った集気びんに入れ、石灰水の変化を観察する。　　　　　　　　　　　　　　　　　　　　　　　　（知識・技能）
- 実験を通して、物質は、有機物・無機物に大別できることを学ぶ。　　（知識・技能）
- 伝導性や密度などで、さらに物質を分類することができることを知る。

　　　　　　　　　　　　　　　　　　　　　　　　　　　　　　　　（思考・判断・表現）
- さらに、物質を分類する手段として、どのような方法があるかを考察する。

　　　　　　　　　　　　　　　　　　　　　　　　　　（主体的に学習に取り組む態度）

(3) 学習ロードマップ

K1	P1	R1
K2	P2	R2
K3	P3	R3

K1：物体と物質の違いを知る。
K2：燃焼や石灰水の変化からわかることを理解する。
K3：燃焼を適切な方法で行う。
P1：物質は有機物・無機物に分類できることを知る。
P2：物質を分類するために、どのようなことをすればよいか考える。

(4) 単元計画

第1時　物体と物質の違いを理解しよう。（K1）
第2時　物質を加熱したときの変化のようすで区別しよう。（K2　K3）
　　　　物質の種類により燃焼するものと燃焼しないものとに大別される。さらには、燃焼後、石灰水が白濁するものと、そうでないものとに別れることを知る。
第3時　物質を分類する方法を探そう。（K3）
　　　　物質により、電気を通すものとそうでないものに分けることができることを理解する。また、磁石に引かれるものは、鉄のみであることを学ぶ。
第4時　様々な物質の密度を調べてみよう。（P1）
　　　　物質の種類により、密度が決まっていることを理解する。逆に、密度から物質を推定することができることを学ぶ。

2 実践のポイント

　ものの性質として、ものは体積が同じでも重さが違うことがあることや電気を通すものと通さないものがあることなどは既習済である。その知識をさらに発展させていくことを考えていく。まずは、加熱していくことによる変化を観察することを通して、物質の分類を行っていく。そして燃焼後、石灰水に通じることを通して、物質中に炭素を含むものとそうでないものとを分けていくことを生徒に考えさせる。燃焼とは何かの意味を考えさせながら、そこにどうして二酸化炭素を含むものが生じたかを考えさせていくことは、最終的に元素の概念にまで行きつくことになる。

　物資の中に炭素元素を含むか否かで、有機物・無機物に分類できることを理解させ、その上で、物質をさらに分類する方法を考えさせていく。例えば、伝導性から、金属・非金属を分類していくなど、生徒の自発的な学びを導いていく。すでに、小学校で、「ものは体積が同じでも重さが違うことがある」ことを学んでいるが、この知識を基に、密度という概念を学び、この密度から物質を推定していくことができることを理解させる。これらのことより、物質には特有の性質があり、物質を性質ごとに分類できることを学んでいく。

3 本時の展開（第2時）

(1) 様々な物質を加熱したとき、どのようになるか予測する

砂糖・食塩・ロウ・紙・木・鉄(スチールウール)・プラスチック（ペットボトル）を加熱すると、どのような変化が生じるだろうか。予測してみよう。　　　　　　　　　　(P1)

(2) 加熱について、その方法を理解する

加熱する際の実験道具は何か考えてみよう。　　　　　　　　　　　　　　　　　　(K1)

　ガスバーナーで加熱すると、物質によっては燃焼するものがあることを考えさせる。そのことから、物質には、燃焼するものと燃焼しないものとに分けられることを理解させる。

火がつくと思われる物質は、さらに石灰水が入った集気びんに入れて、石灰水のようすを予想してみよう。　　　　　　　　　　　　　　　　　　　　　　　　　　　　(P1)

　日常生活の経験から、まずは加熱した際、火がついて燃える物質を予想させる。そして、燃える物質はどのような物質が生じるかも考えさせる。石灰水の役割は既習済なので、燃える物質から二酸化炭素を生じるものがあることを推理させる。この二酸化炭素が発生することから、物質に炭素があるか、ないかにより、物質を分類することができることを生徒自身が考えられるようにする。
　物質の加熱の実験のおおまかな手順を生徒に理解させる。
・様々な物質をガスバーナーで加熱する。
・火がついた物質は、石灰水が入った集気びんに入れる。
・石灰水の入ったびんをよく振り、石灰水の変化を観察する。

(3) 《実験》様々な物質を加熱してみよう

これらの道具を用いて加熱を行うには、どのように設置したらよいだろうか。(K2、K3)

　各班に用意した実験器具を生徒に考えさせてセットさせる。机間巡視で生徒の考えを確認しながら正しい方法に誘導する。
　その後、細かい実験の手順、注意点などを解説し、実験を行わせる。

実験手順 ① 様々な物質を燃焼さじに取り、ガスバーナーで加熱する。スチールウールだけは、ピンセットでつまみ、直接加熱する。

② ①で火がついた物質は、石灰水が入った集気びんに入れ、火が消えてから取りだす。
③ ふたをして、よくふり、石灰水の変化を観察する。

(4) 結果の発表

　加熱した結果の様子について発表させる。食塩はどんなに加熱しても燃えないことに気づかせる。
　スチールウールは燃えるが、石灰水を白濁させない。他の燃える物質は石灰水を白濁させる。このことより、燃焼により二酸化炭素を発生したことを知ることができる。

(5) 結果の考察

石灰水を白濁させる物質は、物質に何が含まれているのかを考えてみよう。　　　(K2)

　急激な酸素との反応が燃焼である。二酸化炭素が発生したことから、その炭素成分は物質に存在していたものであることを推理させる。これらの考察を通して、検証できる仮説を設定する力を身につけていくことができる。炭素元素を含む物質がかなりの種類あることから、炭素元素を含むか否かで物質を分類することが合理的であることを理解していく。炭素元素を含む物質を有機物といい、含まない物質を無機物ということを学んでいく。
　次時では、様々な物質の伝導性を調べることにより、物質を金属と非金属に分類していく。物質を分類していくことは、物質に普遍的に存在している原理を学ぶことに通じている。また、このような分類が日常生活や社会にどのように用いられているか、発展的に学習を進めていきたい。

4 授業改善の視点

　本授業では様々な物質を分類していくことを学ぶ。燃焼や伝導性、密度など基本的概念は、小学生のうちに学んでいるため、実際の実験を通して判断するよう指導したことによって、生徒の理解が深まり、学習内容の定着が図られたものと考えられる。今回の内容では、物質の性質の一端を学んだに過ぎないが、単純な実験ながら、その中から「物質を分類」することができるという概念にまで発展していったことを考えれば、本単元の目標は十分に達成できたといえる。
　今回は、物質を分類することができたが、さらに発展させて、物質の状態に話題を発展させていきたい。

［山本哲朗］

育てる資質・能力

実験方法を見通しを持って立てる力

実施学年 1年

単元名 ▶ 水溶液の性質

1 実践の概要

(1) 資質・能力の概要

　理科実験は、生徒が主体的に考え理解を深めていく学習活動として、とても有効な手段であるが、実験を行うに当たっては、生徒が自ら課題を見つけ仮説を立てさせることを重点的に指導していきたい。授業で扱いたい課題や自分の仮説について生徒に発言させ、教師がそれを集約する中で決定するのである。しかし、中学1年生には生徒だけで課題を見つけることは難しいことなので、教師が科学的な立場で考えるヒントを与えつつ生徒をリードしていくようにしなければならない。次に、それを実証するための実験計画を作成することになるが、特に大切にしたいと思うのは「見通しを持って」ということである。これは、学習指導要領の理科の目的に示されていることである。見通しを持って行う実験とは、すでに学習した事実を論理的につなげて、新しい事実を見出そうとすることである。

　本単元での学習内容は、『①溶質が溶媒に溶解する様子を観察して、目に見えない大きさの溶媒と溶質の様子を粒子のモデルとして表し理解を深める。②溶液の濃さの表し方を学び、質量パーセント濃度で表せるようにする。③溶質のとける量に着目させ、飽和溶液や溶解度について学び、ろ過の実験技能を示した上で、水溶液から溶質を取り出すことができるか考える』という流れとなる。これを実験方法の立案という観点でつなげていくと、「溶液は混合物であり、溶解度の変化から溶質が析出し、ろ過により取り出せるのではないか。」という見通しを立てることができ、それを実証するための実験方法を考えていけばよいことになる。実験結果の考察に関しては、溶解度と関連付けて考察することで、水溶液についての理解を深めさせることができる。このように、生徒が見通しを持って立てた実験を行うことで、科学的な思考による問題解決能力を伸ばすことができる。

(2) 単元目標

- 水に硫酸銅の結晶が時間の経過とともに溶けていく様子を観察し、溶解についての基本的な概念を理解する。　　　　　　　　　　　　　　　　　　　　　　　　（知識・技能）
- 砂糖水について、溶かした砂糖の量で甘さが違うことから溶液の濃度という概念を示し、質量パーセント濃度の表し方を理解する。　　　　　　　　　　　　　　（思考・判断・表現）

・同じ物質でも水の温度により溶ける量が違うことを示し、溶解度の違いを利用して水溶液から溶質を取り出す方法を考え、実験計画を作成して仮説を検証する。

(主体的に学習に取り組む態度)

(3) 学習ロードマップ

K1	P1	R1
K2	P2	R2
K3	P3	R3

K1：溶媒、溶質、水溶液の意味を確認する。
K2：溶解の仕組みについて、モデル化して理解する。
K3：再結晶とろ過を適切な方法で行う。
P2：水溶液から溶質を取り出す方法を考え実験計画を作成し、水溶液から溶質を取り出す実験を行う。
P3：実験結果を考察し、水溶液について考える。

(4) 単元計画

第1時　物質が解ける様子を調べよう（K1　K2）
　　　物質（溶質）が液体（溶媒）に溶解していく様子の観察により、溶液とはどのようなものかを考えさせる。

第2時　水溶液の濃さをどのように表すか（K1　K2）
　　　一定量の溶媒に溶けている溶質の量で、水溶液の濃さ（濃度）を表す方法を理解させ、質量パーセント濃度で表せるようにする。また、溶質の溶ける最大量に着目して、飽和溶液・溶解度について理解させる。

第3時　水溶液から溶質を取り出そう（K2　K3　P2　P3）
　　　水溶液から溶質を取り出す方法を考え、実験計画を作成し、水溶液から溶質を取り出す実験を行わせる。実験結果を考察させ、水溶液についての理解を深める。

2 実践のポイント

　生徒への指導は一つずつ段階を踏むことが大切である。水溶液は水（溶媒）に物質（溶質）が解けている液体であり、物質がそれ以上溶けきれなくなった溶液を飽和水溶液という。最大で溶ける量はその物質の種類や水溶液の温度によって異なる。つまり、水溶液とは溶媒と溶質が混合している状態であり、溶質を取り出すことができるのではないか、という考えに生徒を導いていく。また、固体と液体を分ける実験操作（ろ過）を示して実験計画の作成に役立てる。水溶液から溶質を取り出すことができるという仮説を実証するために、再結晶を用いた実験計画を作成させる。

　水を加熱し溶ける量の変化を観察させながら、温度60℃程度の飽和溶液を作る。その際、溶けきれなくなった固体を取り除くため、水溶液の上澄みだけを別の試験管に移して実験を行わせる。水溶液を温めるのをやめ、温度が下がり固体が出てきたら、ろ過を行い、ろ紙上に残った固体をルーペで観察する。水溶液中にある溶質は目に見えないが、再び溶質だけを取り出せたことから、溶質が溶媒と混合しているイメージを定着させることができる。

3 本時の展開（第4時）

(1) 水溶液についての復習

> 水溶液 ＝ 溶媒（水）＋ 溶質

　溶質は溶解したらどうなってしまうのか問題を提起する。生徒に考えさせ、様々な意見を引き出しながら「溶液から溶質を取り出すことができるか」という本時の実験テーマにつなげていく。

(2) 溶解度についての復習

　物質が水に溶ける量は、小学校で学んだことを思い出させ、物質の種類や水溶液の温度によって異なることを示す。

> 溶解度 ＝ その物質が一定量の溶媒に最大で溶ける量
> 　※物質の種類や水溶液の温度によって異なる。

　温度の高い飽和水溶液の温度が下がると、溶解度が変化して溶質が固体として出てくることを想起させ、再結晶によって溶液から溶質を取り出すことができるのではないかと気づかせる。

(3) 水溶液から溶質を取り出す実験

　① 固体と液体を分けたいときに、ろ過という実験の方法があることを紹介する。
　② 水溶液から溶質を取り出す方法を、溶解度の違いをもとに考えさせる。

> 水溶液から溶質を取り出すには、どうしたらよいだろうか。　　　(P2)

　班ごとに話し合いをさせ、考えた実験方法を発表させる。教師は、出された意見を理科の見方・考え方をもとに評価しつつ集約し、実験計画を立てさせる。実験計画ができたところで、再度、手順を確認し、ガスバーナーの扱いなど実験上の注意事項を確認し、実験を開始させる。

> 実験手順
> ① 試験管2本に水を入れ、そこに食塩と硝酸カリウムをそれぞれ溶かす。
> ② 水を入れたビーカーに試験管を浸し、温めながら溶ける量の変化を確認する。
> ③ 約60℃になったところで、試験管を冷水の入ったビーカーに移し冷やす。
> ④ それぞれの水溶液をスライドガラスに1滴ずつ取り、乾燥させてルーペで観察する。
> ⑤ ③の水溶液に固体が出てきたら、ろ過し、ろ紙上に残った固体をルーペで観察する。

(4) 結果の発表
実験結果

下記の①と②について、班ごとに結果をまとめさせ、発表させる。
① 水溶液を冷やすと、どのような変化が見られたか。
② スライドガラスに現れた物質・ろ過して取り出した物質を観察すると、形や色など、どのような特徴が見られたか。

冷水では、食塩・硝酸カリウムともに溶ける量は少なく、温めると硝酸カリウムの溶ける量は増えていくが食塩の溶ける量はほとんど増えない。スライドガラスに現れた結晶は、食塩は正方形をしており、硝酸カリウムは針状の特徴をもつ。冷やした水溶液のろ過で得られた固体は、硝酸カリウムで針状の結晶が得られた。食塩は冷やしてもほとんど結晶は得られない。

(5) 結果の考察

> 実験結果から、水溶液から溶質を取り出すことはできたといえるのだろうか。　(P3)

同じ実験結果をもとに考察をした場合でも、異なる結論に至る場合がある。上記の問いかけに対しても、取り出せる物質と取り出せない物質があると考える生徒も出てくる。確かに実験の結果では、硝酸カリウムを溶質とする水溶液では冷却することで溶質を取り出すことができるが、食塩水はこの方法では溶質の食塩を得にくい。これは、食塩が温度による溶解度の差が小さい物質であるためである。しかし、スライドガラス上で、水を蒸発させたことにより食塩は結晶となり観察できたことから、温度の変化では取り出しにくい溶質でも、溶媒を蒸発させる方法で取り出すことができることに気付かせたい。このように得られた情報を分析し、自分の頭で答えを導く力を鍛えることが、考察力の伸長につながると考える。

4 授業改善の視点

本実践では生徒自身が課題を見つけ、仮説を設定して実験計画を立てさせることを意識したが、実際には、課題となりうる生徒の考えは引き出しやすいが、仮説の設定から実験計画の作成までを生徒だけで行わせることは非常に難しい。生徒には、実験のまとめの中で、「この授業の課題や仮説設定、実験計画で自分の意見が反映されていたか。」などを振り返らせることも重要である。このように、積極的に生徒に理科的な経験を積ませていくことで、課題を見つけ、実験方法を立案することは可能になると考えられる。

今回は、溶質として食塩と硝酸カリウムを用いたが、硫酸銅など違う溶質を用いた実験をおこなうことも考えられる。また、物質の分離方法として、ろ過・再結晶・蒸発乾固を利用したが、様々な分離方法に話を広げることも面白いと思う。

［板垣契一］

育てる**資質・能力**

溶液を分ける方法を理解して実験する力

実施学年 **1年**

単元名 ▶ 物質の状態変化

1 実践の概要

(1) 資質・能力の概要

　理科実験の基本的な流れは、課題を設定し、仮説を立て、検証する方法を計画し、観察・実験を実施し、結果の処理を行い、それを考察することである。本単元では、これらの実験の過程を通して蒸留についてその意味を理解し、概念化する力を付けさせることをねらいとする。物質はそれぞれ沸点に違いがあるという知識から、混合した液体を分ける方法を生徒自身によって見出させたい。実験を行う際に、その手順や操作の意味があやふやなままに操作を行って、結果だけを得ても知識の定着にはつながらないからである。

　混合した水とエタノールを分けるためにはどうしたらよいか考えさせ、沸点が違うことから加熱すればよいことに気づくこと。加熱して気体になったものをどのように液体として得ることができるか考え、冷やすことで凝結し液体に戻ることを見出すこと。そのためには、どのように実験器具を用いたらよいか、という大まかな実験計画を立案することで、一つ一つの作業の意味を理解した上での実践ができるようになり、経験として学習内容の定着につながっていく。

　単元の最後に、ここで学んだ蒸留が石油製品の精製や酒の蒸留として用いられていることを考えることで、蒸留に対する理解が深まると同時に蒸留が産業において大きな役割を果たしていることを知ることができる。そこから、石油にまつわる環境問題やそれを改善するための科学技術などに生徒の興味・関心を向けることができる。

(2) 単元目標

・水とエタノールの沸点の違いを考慮して蒸留実験を行い、蒸留についての基本的な概念を理解する。　　　　　　　　　　　　　　　　　　　　　　　　　　　　　　（知識・技能）
・実験から状態変化と温度変化の関係を分析し、実験結果より蒸留によって得られた液体がエタノールであることを解釈する。　　　　　　　　　　　　　　　　　（思考・判断・表現）
・エタノールと水を分ける方法について自ら仮説を立て、その仮説について積極的に検証しようとする。　　　　　　　　　　　　　　　　　　　　（主体的に学習に取り組む態度）

(3) 学習ロードマップ

K1	P1	R1
K2	P2	R2
K3	P3	R3

K1：水とエタノールの沸点を確認する。
K2：蒸留について、その意味を理解する。
K3：蒸留を適切な方法で行う。
P2：より正確に分留するにはどうしたらよいか考える。
R2：石油と石油製品について考える。

(4) 単元計画

第1時　水の状態変化（K1　K2）
第2時　固体がとけるときの温度を調べよう（K2　K3）
　　　　固体から液体に変化するときの温度が物質により決まっていることを調べる。
第3時　物質による沸点の違いを調べよう（K2　K3）
　　　　エタノールを加熱したときの温度変化を調べる。
第4時　水とエタノールの混合物からエタノールを取りだそう（K3　P2）
　　　　沸点の違いによって、混合物から物質を分離する方法（蒸留）を理解する。
第5時　石油から石油製品はどのように作られているだろう（P2　R2）
　　　　石油製品が石油を蒸留して作られることを見出し、石油製品の作り方についてまとめる。

2 実践のポイント

　水とエタノールの沸点は既習である。その知識をもとに、水とエタノールを混合し、それを分けるにはどうしたらよいかということを生徒に考えさせる。蒸留の意味を知識として与えずに、生徒が方法を考えることで、知恵として蒸留を解釈し、その方法を身につけることを目標とする。
　その上で水とエタノールの混合物に対して蒸留を行い、液体を取り出しているときの温度と取り出した液体の関係から蒸留について実践しながら理解させる。また、得られたエタノールの量とはじめに用意したエタノールの量を比較して、より純度の高いエタノールを取り出すためにはどうしたらよいか工夫させることで理解を深める。
　混合物を分けるにはどうしたらよいだろうという疑問から、仮説→計画→検証→考察という過程を経て、蒸留という概念を身につけさせていきたい。

3 本時の展開（第4時）

(1) 水とエタノールの沸点についての復習

> 水とエタノールの沸点は何℃だっただろう。　　　　　　　　　　　　　　　　　　(K1)

(2) 蒸留について、その方法を理解する

> 水とエタノールの混合液から、エタノールだけを取り出すにはどうしたらよいか。(K2)

　水とエタノールのそれぞれの沸点の値をヒントに、沸点の違いを利用してエタノールだけを取り出す方法を考えさせる。

> エタノールを沸騰させると気体になるが、どのように液体のエタノールを得たらよいだろうか。
> 　　　　　　　　　　　　　　　　　　　　　　　　　　　　　　　　　　　　(K2)

　温度が下がると凝結し、気体が液体になることを思い出させ、冷却する方法を見出させる。2つの発問から蒸留の方法についての以下のようなおおまかな手順を生徒自身が考えられるようにする。
・水とエタノールの混合液を加熱する。
・エタノールの沸点付近で蒸発して出てきた気体を集める。
・集めた気体を冷却して凝結させ、液体のエタノールとして取り出す。

(3) 《実験》水とエタノールの混合液からエタノールを取り出す

> これらの道具を用いて蒸留を行うには、どのように設置したらよいだろうか。　　(K3)

　各班に用意した実験器具を生徒に考えさせてセットさせる。机間巡視で生徒の考えを確認しながら正しい方法に誘導する。
　その後、細かい実験の手順、注意点などを解説し、実験を行わせる。

実験手順
① 水とエタノールの混合液を加熱しながら温度を測定していく。
② 蒸留されて出てきた液体を試験管3本分採取する。
③ 得られた液体を調べ、得られた液体がエタノールであるかどうかを確認する。

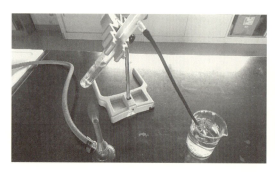

(4) 結果の発表

得られたエタノールの様子について発表させる。1本目では強くエタノールの性質を示し、そのときの温度がエタノールの沸点に近いことに気づかせる。

2本目、3本目では徐々にエタノールの性質がなくなっていく。はじめに混合したエタノールの量と比較して、混合していたエタノールがどのように取り出されていったかを考えさせる。

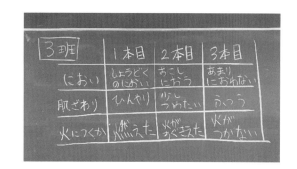

(5) 結果の考察

> 得られた液体を、より正確に水とエタノールに分離させるにはどうしたらよいだろうか。
> (P2)

試験管1本分の量を減らす、弱火にして温度上昇に時間をかける、蒸留によって得られた液体をさらに蒸留するなどの改善策が生徒から引き出せるようにしていく。これにより、さらなる科学的探究心と、検証できる仮説を設定する力が身につく。

次時では、ガソリン、灯油、軽油などの沸点の違う有機物が混ざったものが石油であることから、生徒に蒸留が石油製品の精製にも用いられていることを見出させたい。石油の蒸留について調べ学習を行い、石油の精製方法から石油にまつわる問題まで、生徒の興味・関心によって科学から学習の幅を広げていく。単元のまとめの探究活動として、理科で求められている資質の一つ「学んだことを次の課題や、日常生活や社会に活用しようとする態度」にもつなげたい。

4 授業改善の視点

本単元では、生徒自身が混合液を分ける方法を考え、実際に蒸留実験を行った。教師側がすべての手順を与えて実験を行わせるよりも、意味を考えてから作業を行ったことによって蒸留の概念や方法についての理解の定着は達成されたように思える。

今回の実験では、はじめから結果の見えていることを確認するような実験であった。生徒にさらなる探究活動として、混合するエタノール量を変化させたものをいくつか用意し、蒸留を行うことによってエタノール量が多かったもの、少なかったものを検証させるような実験を提案する。はじめのにおいや皮膚につけた感触などから予想を立てさせ、実験によって答えを探していくことが生徒の科学的探究心を高めることを期待する。

［前嶋一希］

育てる資質・能力

光の性質を科学的な視点で考える力

実施学年 **1年**

単元名 ▶ 光の性質

1 実践の概要

(1) 資質・能力の概要

　この単元は、生徒が中学校に入って初めて学ぶ物理的領域である。物理的領域は、力やエネルギーなど、生徒が実感することが難しい考え方を取り扱うことが多い。このため、苦手意識を持つ生徒が増えてしまうことが心配されるが、ここで扱う光や音は生徒に親しみを持たせながら領域が目指す量的・関係的な見方・考え方を生徒に育むことができる。

　また、第1学年では自然の事物・現象に進んで関わり、それらの中から問題を見出すという学習過程が重視されている。したがって、授業では光に関わる現象を生徒に注意深く観察させて、そこから考えるべき課題に気づかせる指導が求められる。見えているもの、聞こえているものについて、何に注目したらよいのか、事物・現象の捉え方をしっかり身に付けさせることが、一番重要な資質・能力の育成につながる。

(2) 単元目標

・光の反射や屈折、凸レンズのはたらきなど身近な物理現象についての理解を深め、科学的に探究することができるために必要な観察、実験などに関する基本的な技能を身に付けるようにする。　　　　　　　　　　　　　　　　　　　　　　　　　　　　（知識・技能）

・鏡やレンズなどを用いる観察、実験などを行って、科学的に探究する力を養う。

　　　　　　　　　　　　　　　　　　　　　　　　　　　　　　　　（思考・判断・表現）

・カメラやなど、光を利用した身の回りのものについて、その活用の仕方を調べるなど、学んだことを活用する態度を養う。　　　　　　　　　　（主体的に学習に取り組む態度）

(3) 学習ロードマップ

K1	P1	R1
K2	P2	R2
K3	P3	R3

K1：光の進み方について知る。
K2：光の反射・屈折の性質を理解する。
K3：光の反射・屈折に関する観察、実験を行う。
P2：身の回りの事物に学んだことをあてはめて理解する。

(4) 単元計画

第1時　光の進み方（K1）

第2時　光の反射（本時）（K2　K3　P2）
第3時　光の屈折①（K1）
第4時　光の屈折②（K2　K3）
　　　　光がガラスに入るときや出るときの様子を実験で調べる。
第5時　凸レンズのはたらき①（K1）
第6時　凸レンズのはたらき②（K2　K3　P2）
　　　　凸レンズによる像のでき方を実験で調べる。
第7時　光と色（K1　K2）

2 実践のポイント

　鏡に映る像を見ることは、生徒にとって日常的な活動であることから、普段の経験が邪魔をして科学的な理解が難しい側面がある。例えば、「鏡には左右が逆に映っている。」という表現は科学的に正しい説明ではなく、鏡の像が虚像だということを理解させることも難しい。したがって、光の性質の授業では、光の進み方をしっかり押さえることがたいへん重要である。光が進む様子は、水槽内に線香などの煙などを満たす方法が一般的だが、舞台などで使うスモーク発生装置で実験室内に薄くスモークを漂わせて、懐中電灯の光を生徒に観察させるなどの方法もある。光のまっすぐな道筋を生徒に強く意識させることによって、鏡による光の反射や屈折の仕方への理解を深めることができる。

　また、この分野では、身近な経験を全員が持っていることから、クラス全体への発問によって観察、実験の活動を導くことが可能であり、発問の工夫がポイントとなる。

3 本時の展開（第2時）

(1) 生徒が鏡で何を見ているかではなく、どこを見ているのか、見えている場所を意識できるようにする

> 黒板の前に置いた鏡で、自分が見えているものをワークシートに書いてみよう。
> 書けたら、違う班の人が誰かが見えているものを予想して書いてみよう。　　　　（K2）

　30cm四方ほどの大きさのプラスチックミラーを黒板に張り付けてもよい。
　生徒が自分に見えたものと、他の班の人が見えると予想できるものを発表する。
　黒板に生徒の見えたものをまとめながら、次の発問を行うとよい。

> なぜ、〇班の△さんは□さんが見えると考えましたか。　　　　（K2）

　この答えをクラスで考える時に、部屋を暗くしたり、スモークを薄く満たすなどしてから、

生徒に懐中電灯を持たせて光を鏡に当て、光の進む様子と反射する様子を生徒に観察させるとよい。その後、黒板に光の道筋を簡単にまとめる。

(2) 光の進み方と、鏡の中で見えているものの関係を各班で実験をおこなって調べる

> 班ごとに、光の反射の仕方を詳しく調べてみよう。　　　　　　　　　　　　　（K3）

各班に用意した実験器具（光源装置、平面鏡、方眼紙）を生徒に配付して取り組ませる。

|実験手順|
・方眼紙に鏡を立てる位置の線を引き、この上に鏡と光源装置を置く。
・光源装置の光で方眼紙上に垂直に立てた鏡の1点Pを照らし、入射する光と反射する光の進み方を線で方眼紙に記録する。
・光源の位置を変えて、鏡の面に異なる角度で点Pに当たるようにして、同じように光の道筋を記録する。
・光源の位置をもう一度替えて、同じように光の道筋を記録する。
・入射する光の角度と、反射する光の角度の間にある関係性を考える。

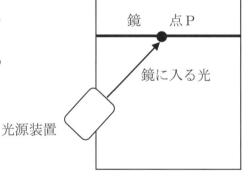

(3) 結果のまとめ

　実験の結果は角度の値としてまとめることも重要であるが、結果を記録した紙を二つ折りにして、入射光の線と反射光の線が重なることを確認する作業等を行わせるとよい。

(4) 結果の考察と発展的な課題

> 鏡の中の像はどこにあるように見えているのだろうか。　　　　　　　　　　（K2、P2）

　光の反射の様子を「反射の法則」としてまとめて授業を終わりにするのではなく、鏡の中に見えている像の位置を、方眼紙の上に鏡とおもちゃの人形を置いて詳しく確認させることや（次頁の図(a)）、町の中の狭い曲がり角やT字路で、出会い頭の事故を防止するために取り付ける鏡（平面鏡）の位置や角度を考えさせる（次頁の図(b)）など、課題の設定や場面を変えて光の進み方を生徒に考えさせるとよい。このとき、ノートに光が進む様子を線で描かせるなど、きめ細かな指導があるとよいだろう。

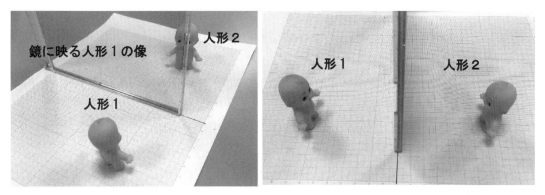

図(a) 鏡の中の人形1の像と重なるように人形2を置いた場合

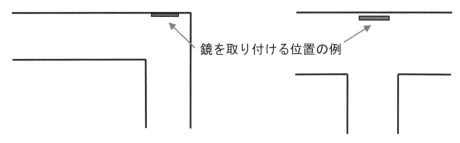

図(b) 曲がり角やT字路に鏡を取り付ける課題の例

4 授業改善の視点

　本時では、生徒に光の進み方について、その見方・考え方をしっかり身に付けさせることを目指して取り組んだ。しかし、実践のポイントで触れたように、日常的な現象ほど生徒が間違った理解（誤概念）を引きずっている場合が多い。このため理科の授業では、生徒の理解が間違っていることに、ずっと後になって教師が気づくことが多い。教師には簡単なこと、当たり前と思えることも、P2の事例を工夫するなどして、丁寧に生徒に発問をして確かめることが重要である。

　物体が見えるのは、物のからの反射光が届いているからだということについては、透明な消臭ビーズをコップの中に入れる実験などで、生徒に水中でビーズが見えなくなる理由を考えさせるとよい。同じコップの中にガラスのビー玉を入れると、ビー玉ははっきり見えることから、生徒の思考力を発揮させる場面を作ることが可能である。

　また、像についての理解は、凸レンズの学習の後で、実像と虚像の違いについてもう一度確認することが重要である。

［大山光晴］

育てる 資質・能力

火山の違いについて仮説を立てて確かめる力

実施学年 **1年**

単元名 ▶ 火山 ～火を噴く大地～

1 実践の概要

(1) 資質・能力の概要

　この単元では、数多くある火山をその形や特徴からいくつかにグループ分けし、その違いはマグマの性質の違いであることを導き出して発表させ、最後に、実験によって確かめるところまで学習する。

　日本は、世界でも有数の火山大国であり、多種多様な火山が存在する。その日本で生活している生徒達に、火山の正確な知識を身に付けさせ、火山に対する確かな認識を植え付けなければならないと考える。

　そのため、この単元で日本に数多くある火山から代表的な火山を写真で見るとともに、世界中の火山による噴火の映像を確認し、火山の噴火とはどのようなものがあるのかを理解させる。そして、その映像から噴火にもいくつかのパターンがあることに気づかせ、なぜそのような違いができるのかを疑問点として導入する。その疑問点について、いくつかの資料を提示しながらグループで話し合いを行い、マグマの粘りけの違いに気づかせ、その意見を仮説としてまとめ発表させる。最後に、マグマの粘りけの違いで、噴火の様子や火山の形に違いができるかを実験によって証明するところまでもっていく。

(2) 単元目標

・日本には数多くの火山があり、多種多様な形態をしていることを知る。そして、その形や噴火の特徴から、火山はいくつかにグループ分けできることを理解する。　（知識・技能）

・グループ分けした火山を表にまとめ、その違いを確認する。また、火山の形や噴火のようすについて考えさせ、いくつかの事象を組み合わせることにより、マグマの粘りけの違いが火山の違いにつながっていることを自ら導き出し、それをまとめ発表する。

（思考・判断・表現）

・マグマの粘りけの違いは何によって起こるのかを調べる。また、マグマの粘りけの違いだけでできる火山の形が異なるか、実験を通して調べ、確認することができる。

（主体的に学習に取り組む態度）

(3) 学習ロードマップ

K1	P1	R1
K2	P2	R2
K3	P3	R3

K1：火山は大きく3つの形に分けられることを理解する。
K2：火山の形や噴火の違いを表にまとめる。
K3：火山の形や噴火の違いは何が原因であるかを考え、マグマの粘りけの違いであることに気づき発表する。
P2：マグマの粘りけと噴火の様子の関係を一般化して法則化することができる。
P3：マグマの粘りけの違いが火山の形や噴火の様子に関係していることを実験によって調べる。

(4) 単元計画

第1時　火山はどのようにつくられるか（K1　K2　K3）
第2時　火山はどのようにつくられるか（P2　P3）（本時）
第3時　マグマからできた物質を調べよう（K1）
第4時　マグマからできた物質を調べよう（K1）
第5時　マグマからできた物質を調べよう（K2）
第6時　マグマからできた物質を調べよう（K2）

2 実践のポイント

　日本は火山大国であるが、生徒は火山についての知識が深いとは言い難い。この授業では、たくさんある火山の特徴をまとめ、火山をその形から分類し、その違いはどこから来るのかを考えさせる。単なる知識ではなく、実際の映像や実験を通して身につけさせることを目標とする。
　最初に、代表的な火山の写真から火山の形の特徴を確認する。その後、噴火の映像を見せ、噴火の違いを理解させる。生徒の中には、火山の噴火は必ず溶岩が流れ、火山灰が降るものだと認識している生徒が一定数いると思われる。いろいろな噴火の様子を見せることにより、火山によって噴火の様子が違うこと、それに伴って火山の形が変わることに気づかせたい。さらに、その違いが何に由来するのかまで考えさせ、それを仮説としてまとめ、発表させる。最後に、その仮説が正しいかどうかを簡単な実験を通して確認するところまで授業中に入れたい。実験装置は、できるだけ簡易的なものとし、身近なものを使って行うことを念頭に入れる。

3 本時の展開（第4時）

(1) 火山とプレートとの関係について復習する

火山はどのようなところにできるのか。プレートとの関係はどのようなものか。（K1）

(2) 日本や世界の火山を上げ、代表的な火山の写真や噴火の映像を確認する

> 知っている火山の名前を挙げてみよう。
> 火山の形や噴火のようすを写真や映像で確認してみよう。　　　　　　　　　(K1)

- 中学1年生では、火山の噴火は、火山灰を噴き上げながら溶岩が流れるものとの認識があると予想できる。そこで、いろいろな火山の噴火の写真や映像（動画）を見せ、火山によって爆発的な噴火と、そうでない噴火、また火山灰を多量に噴き上げる噴火と溶岩を多量に流す噴火など、多種にわたることに気づかせる。
- 火山噴火の映像は災害を記録した映像もあるため（雲仙普賢岳、御岳山など）、噴火のようすの映像のみとし、被害に関する場所は流さないように配慮する。

(3) 火山の形と噴火の特徴の関連性を考える

> 火山の形と噴火のようすには、どのような関連性があるだろうか。　　　　　(K2)

- 生徒を4〜6人程度のグループに分け、それぞれの班で話し合わせる。
- プリントを配付し、形と噴火のようすを表にまとめさせる。
- 表を用いて、形と噴火にはどのような関連があるかを考えさせる。
- 各班で話し合わせ、まとめた内容を代表者に発表させる。

(4) 火山の形や噴火の様子は何に由来するかを考えさせ、仮説としてまとめる

> 火山の形や噴火の様子はなぜ異なるのだろうか。
> その違いは何の違いだろうか。　　　　　　　　　　　　　　　　　　(K3、P2)

- グループごとに話し合わせる。その後、理由を班でまとめ発表させる。
- それを確かめる方法も、できるだけ具体的に話し合わせて考えさせる。
- 溶岩の「粘りけ」または「流れやすさ」に気がつく生徒が出てくると思うが、その「粘りけ」や「流れやすさ」の違いは何が違うからか、また、それを証明するためには何を調べればよいかまで考えさせたい。ヒントとして、マグマが冷えて固まった火成岩を見せ、色の違いから含まれている物質の違いに関係があるところまで気づかせたい。

(5) マグマの様子と火山の形の関連性を実験によって確認する

> 溶岩の流れやすさの違いから、できる火山の形の違いを実験して確認してみよう。(P3)

- 溶岩の代わりに洗濯のりを使い、混ぜる水の量を変えることで、流れやすさを変えて実験する。

〈実験〉
① 穴をあけたアクリル板、洗濯用のり、ビニール製の容器（ドレッシングやマヨネーズの容器）、メスシリンダー、小麦粉、ビーカーを各班に配付する。
② 班ごとに加える水の量を変え、（A）洗濯のり＋小麦粉、（B）洗濯のり＋小麦粉＋水5mL、（C）洗濯のり＋小麦粉＋水10mL、（D）洗濯のり＋小麦粉＋水15mL、（E）洗濯のり＋小麦粉＋水20mL、（F）洗濯のり＋小麦粉＋水25mLの6つの班を作る。
③ ビーカーに洗濯のり、小麦粉、水を入れ、均質になるまでよくかき混ぜる。
④ かきまぜた物をビニール製の容器に入れる。
⑤ 容器の口のところをアクリル板の穴に差し込み、容器に力を加え、内容物をアクリル板の上に出す。その様子をタブレットで動画撮影する。
・最後に、内容物が流れやすい順番に動画を確認し、自分たちが考えた内容が正しかったかを確認させる。
・上手にできなかった時のため、歯磨き粉、マヨネーズ、ヘアジェル、ボディソープを用意し、演示できるようにする。

4 授業改善の視点

　この単元では、たくさんある火山を、まず、その形から分類するところから始まる。しかし、富士山のような単独峰は形がわかりやすいが、度重なる噴火や風化のために形が複雑になってしまい、すぐには分類できない火山も多い。そのため、教師があらかじめわかりやすい形や噴火の例をそろえておくことが望ましい。また、噴火の動画では災害によって命を落とした人がいるものもあるため、その点も考慮すべき場合も出てくることを教師が知っておかないといけない。生徒の中には、マグマの粘りけが火山の形や噴火の様子に関係していることを知識として知っている生徒もいる。そのような生徒へは、より進んだ内容の問いを用意しておき、それについて自分の意見を言わせるなど、生徒一人ひとりにあった問いも予想して授業に臨む必要があると感じる。また、討論、発表、実験、動画の撮影、鑑賞と、たくさんの内容を扱うため、事前の準備が大切である。

［上野貞明］

育てる **資質・能力**

生命の多様性と共通性を細胞レベルで理解する力

実施学年 **2年**

単元名 ▶ **生物のからだと細胞**

1 実践の概要

(1) 資質・能力の概要

理科の見方・考え方については、理科を構成する各領域の特徴として整理されていて、生命領域では、生命に関する自然の事物・現象を主として「多様性と共通性の視点で捉える」とある。この単元「生物のからだと細胞」では、様々な細胞と細胞の共通構造を学ぶことにより、生徒が細胞レベルで生命の多様性と共通性を理解することを目指している。

生徒は小学校では個体と生態系レベルの理解であったが、この単元の学習により、肉眼でみることのできない世界・細胞レベルから個体、生態系レベルを学び、新しい生命観を学ぶことができる。引き続き高等学校では、これよりさらにミクロな分子レベルから細胞、個体、生態系まで学ぶことになる。目にみえない世界を理解しようとする態度を生徒に育成することにより、見えないものに対する想像力や思いやりを養うとともに、昨今の生命科学の分野の急速な発展を理解しようとする「主体的・対話的で深い学び」へとつながる資質・能力を育むことができる。同時に、発展めまぐるしい生命科学の基礎となる知識・技能と思考力・判断力・表現力等を身に付けることによって、生徒が成人して社会で活躍する時代を生き抜くために必要とされる科学的リテラシーの育成が期待できる。

(2) 単元目標

・生命の基本構造単位が細胞であることを理解する。　　　　　　　　　　（知識・技能）
・細胞に多様性（植物細胞・動物細胞の違い、様々な植物細胞、様々な動物細胞）・共通性（主要な細胞小器官）や生物には単細胞と多細胞生物があることを理解する。
　　　　　　　　　　　　　　　　　　　　　　　　　　　　　　　　　（知識・技能）
・多細胞生物のからだのつくりの区分（細胞、組織、器官、器官系、個体）を理解する。
　　　　　　　　　　　　　　　　　　　　　　　　　　　　　　　　　（知識・技能）
・個体レベルの養分の吸収から、細胞レベルの細胞呼吸という生命現象を理解することにより、生体内における物質の変化について理解する。　　　　　　（思考・判断・表現）
・生物体の様々な階層レベルにおいて共通性・多様性を捉える。　　（思考・判断・表現）
・細胞レベルから、生体内の物質の変化、分子レベルの生命現象を理解することによって、

発展めまぐるしい生命科学分野に対する主体的で深い学びから高等学校における生物分野へつなげる。　　　　　　　　　　　　　　　　　　　　　（主体的に学習に取り組む態度）

(3) 学習ロードマップ

K1	P1	R1
K2	P2	R2
K3	P3	R3

K1：顕微鏡で確認できる細胞の存在について知る。
K2：すべての生命体の構造の基本単位が細胞であることを理解する。
K3：細胞内の構造とその働きについて理解する。
P2：様々な細胞の観察と多細胞生物・単細胞生物について学習し、細胞の多様性・共通性を学び、生物体の様々な階層レベルにおいて共通性・多様性を捉えることができる。
R2：細胞レベルの生命活動を理解し、視覚的に捉えることが困難な分子レベルの世界へとつなげる。

(4) 単元計画

第1時　生命の基本単位（生命の多様性と共通性）を細胞レベルで理解しよう（K1　K2）
第2時　様々な細胞について観察しよう（K3　P2）
　　　　第1時で学習したことを、自らプレパラートを作成し観察し体感する。
第3時　単細胞生物と多細胞生物について学び、多細胞生物の身体のつくりの階層について理解しよう（P2）
第4時　全細胞で行われ細胞レベルの生命活動である細胞呼吸を理解しよう（R2）

2　実践のポイント

　植物は細胞の集まりであること、その中に葉緑体をもつことは既習である。しかし、その細胞がすべての生命体の共通構造であること、また、その細胞にも多様性と共通性があることは学習していない。
　細胞が生命の基本単位であること、そして、その多様性について学ぶことにより、生命に関する自然の事物・現象を主として多様性と共通性の視点で捉えさせることを目標とする。

3　本時の展開（第1時）

(1) 私達の身体のつくりの復習（人体模型を使用）

それぞれの臓器を取り出し、名前や働きについて質問する。　　　　　　　　　　（K1）

(2) 器官→器官系→個体について理解する

器官をそれぞれの関係する働きで分類してみよう。（器官系）　　　　　　　　（K1）

私達の身体はいくつもの器官系から成り、器官系は器官から成る。それでは器官は何からできているのかと話を続ける。

> それでは、器官は何が集まってできているのだろうか？ (K1)

ここで細胞という答えが返ってくる。しかし、多くの生徒は細胞というものが生命体の共通構造であること、そして多様性があるということは理解していない。

(3) 細胞とは何か

細胞とは何かを問いつつも様々な細胞のプレパラートを準備し、電子黒板に写しだしながら、それぞれ特徴、違いに気づかせる。予め、プレパラートの作成準備に用いた材料を、生徒に提示してもよい。

> これは何？ (K1)

オオカナダモのプレパラートをデジタル顕微鏡で、電子黒板に写す。教科書に載っているので、オオカナダモという答えが返ってくる。そして、緑色の粒については葉緑体そして光合成をする場、植物だからある構造であることを確認、頑丈そうな細胞壁、細胞膜を確認する。次に、玉ねぎの鱗片葉の表皮細胞（核を染色）のプレパラートもデジタル顕微鏡で電子黒板に写す。核、細胞膜、細胞壁を確認すると同時に、植物細胞であるが葉緑体がないことを確認する。3番目に、ヒトのほおの粘膜の細胞（核を染色）のプレパラートを映し出す。核、細胞膜、そして細胞壁がないことを確認する。動物細胞と植物細胞の違いに気づかせる。さらに、バナナの食用部分の細胞（ヨウ素液でデンプン粒を染色したもの）をデジタル顕微鏡で電子黒板に映し出す。植物の細胞であるにもかかわらず頑丈そうな細胞壁が見えないことを気づかせる。できる限り様々な細胞のプレパラートを電子黒板に映し出し、プレパラートだけでなく、血液の細胞、筋細胞、神経細胞、動物の初期胚など写真を用意して、再度、細胞とは何かと問いかける。

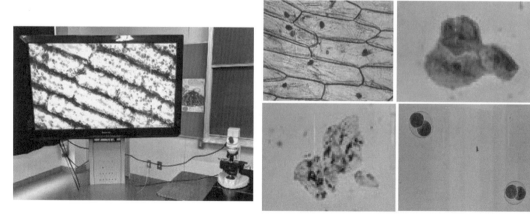

左端：オオカナダモ（葉緑体に注目）、中央上：玉葱鱗片葉表皮細胞（核）、中央下：バナナ果肉細胞（でんぷん粒）、右端上：ヒトのほおの粘膜の細胞（核）、右端下：ウニ2細胞期

(4) 細胞とは何かをまとめさせる

細胞って何？ (K2)

・すべての生物が、肉眼では見ることのできない小さな箱・袋のようなものが集まってできている。小さな箱・袋には、様々な形・大きさ・働きがある。
・核、細胞膜、細胞壁、葉緑体など細胞の中には構造があるが、それらの構造はすべての細胞に共通しているものではない。
・植物細胞に特有の構造（葉緑体・細胞壁）などがあるが、それもすべての植物細胞に共通して存在しているわけではない。

　以上のような意見を引き出しながら、多様性に富んだすべての生物の共通性として生命の基本単位が細胞であることを導き出させる。一つ一つの細胞内で行われている様々な生命活動の集合が、私達の日常生活で感じる生命現象につながることも理解させたい。さらにはiPS細胞や遺伝子組換えなど生徒が聞いたことがある話題などから、生命の基本単位である細胞を私達は操作することが可能であること、正しい生命観のもとに細胞を操作することが大切なこと、生命科学に対する主体的で深い学びへとつなげていきたい。

4 授業改善の視点

　本単元では、視覚的に理解しやすい人体模型を利用して、私達の身体は何が集合してできているのかを考えさせ、さらに多様性に富んだ細胞を生徒に提示した。様々な細胞を提示されたことによって生徒自身が、生物体の基本単位が細胞という構造であること、ただし、それは多様性に富んだものであることを導き出すことが可能である。教科書の記述を読むだけだと細胞の共通性のみを取り上げるあまり、生物体と細胞のつながりを実感として理解できない生徒が多いため、このような展開で授業を行うとよい。

　さらなる定着のために、次の授業では、プレパラートを生徒に作成させて顕微鏡で観察させる。授業で提示したプレパラート以外にも簡単に作成しやすい植物の細胞（例1：トマトの皮、果肉はトマトの1つの実の中でも異なる細胞、例2：長ネギの表皮では、表皮細胞と孔辺細胞）、動物の場合は既製品のプレパラート（ウニの卵、精子、受精卵）などを行う。最後に、様々な細胞（ニワトリとカエルの卵、オオカナダモ、ゾウリムシ、ヒトの卵・精子・白血球、細菌など）の図のカードを提示して大きさ順に並べさせる。さらに、これらすべての細胞に共通する構造を質問し、細胞の多様性と共通性が身に付いているか確認する。

　今回は、細胞を先に提示して、細胞について理解してからの実験・観察であるが、逆に顕微鏡で生徒に実験・観察させてから、その意味を考えさせてもよいと思う。知識の定着が苦手な生徒にとっては、まず手を動かして感じてからのほうが、科学的探究心を高めることができると考えられる。

［大窪真子］

育てる資質・能力

腎臓のはたらきを疑問から考える力

実施学年 2年

単元名 ▶ 不要物の排出はどのように行われるか

1 実践の概要

(1) 資質・能力の概要

　動物が生命を維持するためには、食物を取って必要な物質を吸収し、血液によって体全体に運搬することが必要である。前時では、動物にはいろいろな消化器官が備わっており、それらの働きによって食物が物理的・化学的に消化され、養分を吸収するしくみを学んでいる。この養分は呼吸をはじめ代謝に利用されるほか、体を構成する物質にも利用される。さらに、これに伴って当然不要物も生じることから、生徒にはその排出はどのようなしくみがあるのかも理解させる必要がある。

　本実践では、毎年、健康診断で行われている「尿検査」を参考に、腎臓内で不要物がどのようにして取り除かれるかを考察していき、最終的には、腎臓が体の水分や塩分の調節にかかわっていることに気づくことができる力を育みたい。

(2) 単元目標

・腎臓の構造を説明し、血液中の物質が糸球体からボーマンのうにろ過するフィルターの役割をしていることを理解する。　　　　　　　　　　　　　　　　　　　　（知識・技能）
・血球、タンパク質、水、塩分、尿素、糖などは、粒子の大きさによってろ過されるかされないかが決まること、また、水や塩分、糖など必要な物質は、腎細管で再吸収されていることに気づくことができる。　　　　　　　　　　　　　　　　　　　（思考・判断・表現）
・夏と冬で尿の量が変わる理由とその原理を考え、発表しようとする。
　　　　　　　　　　　　　　　　　　　　　　　　　　　　（主体的に学習に取り組む態度）

K1	P1	R1
K2	P2	R2
K3	P3	R3

(3) 学習ロードマップ

K1：腎臓の構造とその働きを確認する。
K2：健常な人は尿検査で血液やタンパク質、グルコースが検出されない理由を考える。
P2：夏と冬の尿の量の違いについて考える。

(4) 単元計画

第1時　食物はどのようにして体内に取り入れられ、吸収・貯蔵されるか。

消化器官と酵素の働きについて理解させる。(K1)
第2時 呼吸はどのようなはたらきか。酸素はどのようにして体全体に運ばれるか。肺の構造、心臓の構造、血液の働きと血液循環について理解させる。(K1)
第3時 不要物の排出はどのように行われるか。
腎臓が血液をこすフィルターの役割をし、必要な物質と不必要な物質が分別されて尿がつくられることを理解させる。(K2　P2)

2 実践のポイント

まず、体内の不要物として、二酸化炭素、アンモニア、余分な水や塩分、二酸化炭素があることを確認する。特にアンモニアには毒性があるので、肝臓で尿素に変えられることもあらかじめ説明しておく。二酸化炭素は肺から排出されることは既習している。

腎臓内の模式図を板書して、そのしくみを説明したあと、「尿検査」を思い出させ、検査で検出されてはいけない物質について知っていることを発表させる。そして、血液（血球）、タンパク質がなぜ尿中に現れないのかを考えさせ、ろ過されるかされないかは粒子の大きさによるものだということに気づかせたい。

さらに、糖（グルコース）については粒子が小さいのでろ過されてしまうが、健康な人の尿には現れないことを説明し、その理由を考察し、腎細管で再吸収のしくみがあることに気づかせる。同様に、水、塩分についても大部分が再吸収されていることを理解させる。

最後に、「尿の量は1年を通して同じか？」という問いかけから、水の再吸収量は季節（気温）によって異なること、それによって尿の量が変わること、これにより体の水分や塩分が一定に保たれているという「恒常性」の概念を身に付けさせる。

3 本時の展開(第3時)

(1) 体内の不要物の排出について確認する

体内の不要物にはどのようなものがあるか。　　　　　　　　　　　　　　(K1)

→二酸化炭素、アンモニア
体内で生じたアンモニアは毒性があるので、肝臓で尿素に変えられることを説明する。

それらは、どの器官から体外に排出されるのか。　　　　　　　　　　　　(K1)

→二酸化炭素は肺から排出される。
　尿素は腎臓から排出される。

(2) 腎臓内の構造について理解する

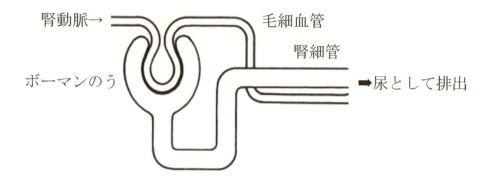

　腎動脈からの血液がボーマンのうでろ過されて尿がつくられていく。
　これにより、尿素のような不要物は排出される。

(3) 腎臓内でのろ過の仕組みについて理解する

尿検査で尿中に出てはいけないものは何だろう。　　　　　　　　　　　　　(K1)

→血液、タンパク質、糖

血液（赤血球）はどうして尿中に出ないのだろう。　　　　　　　　　　　(K2)

→ろ過されないから

なぜ、ろ過されないのだろう。　　　　　　　　　　　　　　　　　　　(K2)

→不要物でないから。
→大きいから
　タンパク質も同様に、粒子が大きいからろ過されない。すなわち、尿中に現れることはないことを理解させる。

(4) 腎細管での再吸収のしくみについて気づかせる

糖は尿素のように粒子が小さいので一緒にろ過されてしまう。しかし、尿中に現れないのはどうしてだろう。　　　　　　　　　　　　　　　　　　　(K2)

→毛細血管に戻る。
　粒子が小さいものはろ過されてしまうが、必要な物質を再吸収するしくみがあることを導き出させる。

64　第2部　スキルコードで深める理科の授業モデル

> ボーマンのうにろ過される量は1日約180Lであるが、1日に排出される尿量は、約1.5Lである。その差はどうなったのだろう。　　　　　　　　　　　　　　　　(P2)

→腎細管で再吸収された。

塩分も同様に腎細管で再吸収されることを説明する。

(5) 腎臓が体の水分量調節にはたらいていることを理解させる

> 夏と冬で、尿の量は同じだろうか。　　　　　　　　　　　　　　　　　　　　(K1)

→夏は少なく、冬は多い。

> 夏に尿が少なくなる理由を、今日習った内容を使って説明してみよう。　　　　(P2)

→夏は気温が高いので、たくさん汗をかく。それにより体内の水分が失われるので、それを補うために腎細管では水の再吸収量を増やす。これにより、尿の量は減少する。

4 授業改善の視点

　今回の実践では、ただ知識を覚えさせる授業から脱却し、理科の基本である「なぜ？」ということを中心に授業を進めた。さらに、不要物の排出だけでなく、体の水分調節も行っていることにも言及した。内容も、ボーマンのうにろ過されるかされないかは粒子の大きさで決まること、腎細管での糖や水の再吸収を扱うなど高校1年生レベルであったが、考察・表現させる授業としてあえて触れることにした。

　この授業を実施したのがちょうど7月だったため、汗で体の水分が失われることは実感しており、夏に尿が少なくなることも経験的に知っていたが、それが腎臓の再吸収による調節だと知った時の生徒の顔は輝いていた。理科の授業は、ただ単に知識を覚えさせることに終始してしまいがちだが、やはり理科が好きな生徒を増やすには、驚きや感動を与える授業が不可欠である。今回にとどまらず、今後も、生徒に疑問を投げかけ、それを解決・発見させる授業を心がけたい。

［五十嵐康則］

育てる**資質・能力**

反応時間について、実験を計画して確かめる力

実施学年 **2年**

単元名 ▶ 行動するしくみ

1 実践の概要

(1) 資質・能力の概要

　適切な実験や調査を行う能力は、理系の職業のみならず、様々な職業で必要とされる。実験や調査の方法を誤ると、偏った結果が得られてしまい、大きな損失を生み出す可能性がある。社会で活躍するために、中学生のうちから実験や調査を計画する技術を磨いておくことの意義は大きい。

　この単元では、最初に、眼や耳といった受容器について学び、次に、受容器から中枢神経まで、中枢神経から効果器までが神経によって結ばれていることを学ぶ。この経路を情報が伝わるのに、どの程度の時間がかかるのか。さらに、"反射神経"という言葉があるように、その時間に個人差はあるのか。また、訓練などで鍛えることができるのか。これらの疑問を生徒に考えさせる。そして、実験を計画して確かめるという流れに持っていくと、生徒のモチベーションはかなり高まると考えられる。

(2) 単元目標

・定規を使ってヒトの反応時間を求める実験について、実験操作とデータの扱い方を正しく理解する。　　　　　　　　　　　　　　　　　　　　　　　　　　　　（知識・技能）
・経口投与した物質が血中に入るまでの時間や、プラシーボ効果のことを考慮に入れて、実験を計画・実行することができる。　　　　　　　　　　　　　　（思考・判断・表現）
・"反射神経"をよくするための仮説を自ら考え、その仮説について積極的に検証しようとする。　　　　　　　　　　　　　　　　　　　　　　（主体的に学習に取り組む態度）

(3) 学習ロードマップ

K1	P1	R1
K2	P2	R2
K3	P3	R3

K2：平均値の算出方法を理解する。
P1：1回の測定では測定誤差が大きいことに気づく。
P2：測定誤差を減らすにはどうしたらよいか考える。
P3：対照実験を立案する。
R2：反応速度を高めると考えられる物質を自分で調べ、実験に組み込む。

(4) 単元計画

第1時　眼の構造とはたらき（K2）
　眼の構造とはたらきを知識として理解し、眼鏡で近視を矯正できる仕組みの考察や、盲斑の大きさの推測を行う。

第2時　耳の構造とはたらき（K2）
　耳の構造とはたらきを知識として理解し、眼を瞑っていても平衡感覚を保てることや、回転を感じ取れることを実感する。

第3時　ヒトの神経細胞と神経系（K2）
　ヒトの神経細胞と神経系を知識として理解し、神経を損傷すれば刺激を受け取れなくなったり、筋肉を動かせなくなったりすることを理解する。

第4時　刺激に対する反応（K2）
　刺激に対する反応経路を知識として理解し、熱いものに触れた時"熱い"と感じる前に手を離すなど、実際の経験と結びつける。

第5時　ヒトの反応時間を調べよう（計画）（K2　P2）
　定規を用いて反応時間を調べる方法を考え、実験を計画する。

第6時　ヒトの反応時間を調べよう（実践）（K2　P2　P3）
　前の時間に計画した実験を実際に行い、結果を考察する。

第7時　運動器官のしくみ（K2）
　骨格と筋肉の構造と仕組みを知識として理解する。

2 実践のポイント

　定規を落として掴ませることで、反応時間を調べることを指示する。そこから、測定誤差を考慮して、どのような実験を行うか手順を一から生徒に考えさせる。一回の測定では誤差が大きいことや、勘で早く掴んでしまった場合は除外する必要があることに生徒が気づくのが望ましい。さらに、反応時間を短縮するための仮説を立てることを指示する。睡眠時間や食材、熟練度などが挙がるだろう。そこで、それらの効果を確かめるための実験の計画も立てさせる。「対照実験」という言葉が誰かから出れば、成功である。また、実験は次の時間に行い、その日まで睡眠時間や食材などの条件を整えさせる必要がある。

　実験当日は、前の時間で計画した通りに実験を行わせる。実験結果より、情報が神経を伝わるのに要する時間を実感させる。また、独自に考えた反応時間を短縮する方法が、効果が認められるか否かを確認させる。効果があってもなくても、仮説を立て、計画し、検証するという一連の手順を主体的に行うことが、大きな経験となる。この経験をもとに、以後も様々な実験を主体的に取り組ませていきたい。

3 本時の展開(第6時)

(1) 仮説の確認

> 班ごとに「反応時間を短縮させるための仮説」を発表させる。

(2) 実験計画の確認

> 測定誤差を少なくするためにはどうしたらよいか。　　　　　　　　　　　(K2)

「複数回行って平均をとる」というのが一番出てきてほしい回答だが、それ以外にも誤差を減らすための良い案が出れば、その工夫を取り入れる。

(3) 《実験》定規を落として掴ませることで、反応時間を測定する

> **実験手順**
> ① 3人1組になり、1人は定規を持ち、もう1人が定規の下端付近にいつでも掴めるように指を添える。最後の1人は記録係をする。
> ② 定規を持った人は、合図をせずに定規を離す。もう1人は、定規が落ちるのを見たらすぐに定規を掴む。
> ③ 定規が何cm落ちた時に掴めたかを調べ、下の表を参考にかかった時間を求める。
>
> | cm | 4 | 6 | 8 | 10 | 12 | 14 | 16 | 18 | 20 | 22 | 24 | 26 | 28 | 30 |
> |---|---|---|---|---|---|---|---|---|---|---|---|---|---|---|
> | 秒 | 0.09 | 0.11 | 0.13 | 0.14 | 0.16 | 0.17 | 0.18 | 0.19 | 0.20 | 0.21 | 0.22 | 0.23 | 0.24 | 0.25 |
>
> ④ この操作を何度か行い、平均をとって反応時間とする。
> ⑤ 定規を掴む人を変えて同じ実験を行う。
> ⑥ 「反応時間を短縮させる」と考えられる行為をした後に、再度、測定する。

ある班では、インターネットを使って調べた結果、チロシンというアミノ酸が反応能力を高めるという説を発見。さらに、チロシンはきな粉に多く含まれていることもわかった。からだに吸収される時間も考慮し、実験が始まった直後にきな粉20gを摂取した。また、対照実験として、他の生徒は「食べる米ぬかパウダー」20gを摂取した。

(4) 結果の発表

得られた実験結果について発表させる。標準的には、0.10〜0.20秒程度になるはずである。生徒が結論を出す前に机間巡視をして、あまりにも短すぎるものは勘で掴んだ可能性がある。そのデータをどう扱うか生徒たちに問う（たいていは、除外するという意見になる）。目に見えて反応時間が短縮されるものは一つもないかもしれないが、生徒は結構盛り上がる。

	米ぬか	きな粉	クッキー	からしクッキー	何もしない	反復横跳
前	0.18	0.19	0.16	0.18	0.14	0.19
後	0.17	0.14	0.15	0.17	0.15	0.22

(5) 結果の考察

> 2つの条件での結果の違いを、より正確に求めるにはどうしたらよいだろうか。（P2）

測定の回数を重ねるごとに熟練度が増し、徐々に反応時間が短縮されてしまう気がする、という意見が出る。これに対する解決策として、まずはひたすら定規を掴む練習をして、これ以上反応時間が短くならない、と言えるまでに熟練させてから実験を行うのがよい。

サンプル数が少ない、という意見が出る。これに対する解決策として、他のクラスや他学年のボランティアにも協力してもらうのがよい。

どの程度の時間が短縮されたら、明確に効果が出たといえるのだろうか、という疑問が出る。中学生には少し難しいが、統計学を少し学ばせるのがよい。エクセルを用いてカイ二乗検定を行い、有意な差か否かを調べさせることも可能。

これらの疑問を抱くことによって、仮説を立てて検証する力が身につく。

4 授業改善の視点

今回の実験では、「刺激に対する反応」をテーマに実験を行ったが、「眼」や「舌」、「耳」をテーマにしても面白かっただろう。「眼」だったら、仮性近視のメカニズム及び視力回復の方法を調べるのが面白そうだ。「舌」だったら、複数の味の組合せで、全く別の味を作る実験というのもありだ。「耳」だったら、可聴周波数と年齢の関係を、学校の先生方に協力していただいて調査するというのはどうだろうか。また、実験結果を評価するためには、事前に統計学を少し学ばせておく必要があるかもしれない。この実験1回きりにせず、自ら実験計画を立てて検証する機会を中学生の間に何度か与えるのが望ましい。

［兼松啓太］

育てる資質・能力

理論値と実験値のずれの原因を考える力

実施学年 **2年**

単元名 ▶ 化学変化と原子分子

1 実践の概要

(1) 資質・能力の概要

　酸化反応において、有機物の酸化においては二酸化炭素や水が発生し、それが空気中へ放出されることによって燃焼後の物質は軽くなる。このことは、ラボアジエが燃焼の原理を発見するまでは、燃焼は物体中に含まれるフロギストン（炎を意味するギリシア語に由来）が逃げ出すことによって起こるというフロギストン説が信じられていた。ほんの250年ほど前の話である。

　量的関係というのは非常に実験が難しく、生徒実験で誤差なく成功することは無理である。新学習指導要領の「化学変化と原子」の単元では「化学変化についての観察、実験を通して、化合、分解などにおける物質の変化やその量的な関係について理解させるとともに、これらの事物・現象を原子や分子のモデルと関連付けてみる見方や考え方を養う」とある。実際に実験を行ったときにおける理論値からのずれは、生徒の科学的な思考力を育てる格好の教材である。

(2) 単元目標

・金属と化合する酸素の質量には限度があることや、金属の質量が増えると化合する酸素の質量も増えることを理解する。　　　　　　　　　　　　　　　　　　（知識・技能）
・実験から金属の質量と、酸化物の質量との関係や、化合した酸素の質量との関係を理解する。　　　　　　　　　　　　　　　　　　　　　　　　　　　　（思考・判断・表現）
・理論値と実験値のずれを見て、その原因を探求する。　　（主体的に学習に取り組む態度）

(3) 学習ロードマップ

K1	P1	R1
K2	P2	R2
K3	P3	R3

K1：加熱した金属の質量が増えた原因が空気中の酸素であることを理解する。
K2：金属と化合する酸素の質量が比例することを理解する。
K3：反応前後の質量から化合した酸素の質量を算出できる。
P3：得られる金属酸化物の理論値を算出し、実験値とのずれから原因を考える。
R3：誤差を少なくする実験方法を考える。

(4) 単元計画

第1時　物質のなりたちと化学変化（K1　K2）
　　　　物質は原子や分子からできていることを理解し、原子は記号で表されることを知り、化学変化を原子や分子のモデルで理解する。

第2時　いろいろな化学変化（K2）
　　　　物質の酸化と還元を理解する。化学変化によって熱が出入りすることを理解する。

第3時　化学変化と物質の質量（K3　P3　R3）
　　　　質量保存の法則や、化学変化における各物質の質量の比は一定であることを理解する。

2 実践のポイント

　金属の酸化によって質量が増加することについては分子モデルによる説明で理解している。その知識をもとに、どうなれば金属すべてが酸化したことが分かるかを生徒に考えさせる。必要に応じて、化学変化は一瞬ですべて起こるわけではない例を挙げて考えさせる。
　その中で、一定量の金属と反応できる酸素の質量には上限があることを気づかせる。そして、加熱→冷却→質量測定を繰り返し、その質量が増えなくなったところが反応の終点であることを理解させる。また、加熱中にこぼしてしまったら実験が失敗することも気づき、丁寧に実験を行うようにさせる。
　また、1回目、2回目で質量が増えたことによって、未反応の金属が含まれ、その質量は化合した酸素の質量から算出できることに気づくヒントを与え、成績上位者に示唆する。

3 本時の展開（第3時）

(1) 質量保存の法則についての復習

化学変化の前後で質量の合計はどうなるか。　　　　　　　　　　　　　　　　　　　　(K1)

(2) 質量保存の法則を利用して、金属と反応した酸素の質量の算出方法を考えさせる

4ｇの銅を酸化すると5ｇになりました。化合した酸素は何ｇか。　　　　　　　　　(K3)

(3) 定比例の法則を利用して、生成する金属酸化物の理論値を算出させる

6ｇの銅を酸化すると、何ｇの酸化銅ができるか。　　　　　　　　　　　　　　　　(K3)

理論値と実験値のずれの原因を考える力／化学変化と原子分子／実施学年2年

未反応の金属がなくなるまで酸化するために、与えられた銅粉を加熱すると何gになるはずかを算出させる。加熱し終わった段階で、その理論値に達していないことに気づいてからその原因を考えさせる。

(3) 《実験》質量の異なる銅粉の酸化

> 与えられた銅粉を加熱して、酸化後の酸化銅の質量を測定する。　　　　　　　　(P3)

　実験手順を説明したあと、各班に理論値を計算させるとともに、どのようにすれば速く酸化させられるかを話し合わせ、作戦を立てさせる。
　計算した理論値が合っていることを確認できた班から、実験を行わせる。

> **実験手順**
> ① 班ごとに決められた質量の銅粉を金属皿に入れ、ガスバーナーで加熱して酸化させる。
> ② 十分酸化したと思ったら加熱をやめ、冷却するまで待つ。
> ③ 質量を測定し、理論値に満たなかった場合には、もう一度加熱、冷却、質量測定を繰り返す。

(4) 結果の発表
　班ごとに最初の質量、理論値、1回目の加熱後、2回目の加熱後……を記入する枠を作り、黒板に記録させる。

(5) 結果の考察

> なぜ、1回目、2回目と質量が増えたか。また、理論値に到達しなかった原因は何か。
> 　　　　　　　　　　　　　　　　　　　　　　　　　　　　　　　　　　　　(R3)

　実験を終えた生徒であれば、その理由は簡単に思いつく。1回目ではモデルの説明のように反応した原子とまだ反応していない原子があることに気づく。そして、加熱を繰り返すことで、すべての原子が反応するまで質量が増えていくことが分かる。
　そして、全班の結果を比較することで、定比例の法則が成り立つことが分かるが、それに届かなかった班が出てくる。その原因を探究することで実験における注意点、こうすればよかったという改善点が出てくれば、授業のねらいは成功である。
　次時では、2種類のグラフが出てくる演習問題を扱うことで、実験の復習につなげる。1回目、2回目の測定結果のグラフと、質量の異なる金属を酸化したグラフについて、実験を終えた生徒は、その意味を正しく理解し、どのように考えるかが分かる。

4 授業改善の視点……………………………………………………

　本単元では実際の実験を行ったことによって、未反応物質が残っているということを学習できた。結果がどのようになるか分かっている実験であるが、その過程にはいくつもの気をつけなければならない点があった。理科実験における誤差の種類として、測定者に依存した誤差、環境条件に依存した誤差、測定器に依存した誤差がある。環境条件、測定器による誤差は微々たるものなので、今回の実験では無視できると考えられるが、理論値に到達しなかった原因を考えさせる上で、このような誤差があることを教えることができた。

　今回は、かつて人々が信じていた「フロギストン説」のような概念を持っているのではないかということを考えながら実験を計画したが、授業でそういうものだということを生徒は何の違和感もなく受け入れており、実験結果ありきのものになってしまった。これまでの科学者が真理を追究し、解明を行ってきた実験について、その楽しさと大変さの両方を体験できるものにできるようにしたい。

［佐々木貴史］

育てる 資質・能力

物質の性質の違いを確かめて化学変化を理解する力

実施学年 **2年**

単元名 ▶ いろいろな化学変化

1 実践の概要

(1) 資質・能力の概要

　スチールウールの燃焼が明らかな物質の変化であることは、どの生徒にも視覚的に理解できる。ここでの課題は、どうすれば燃焼前後の物質が化学的に異なるといえるか、その方法に気づかせるところにある。それには鉄の性質という事実的知識をもとに、それが失われることが化学変化であるという概念的知識を用い、実際にどのような方法でそれが明らかにできるかを遂行的知識として発揮する必要がある。つまり、本時の実験では、ブルーム・タキソノミー改訂版における「知識」の全レベルが培われることになる。

　また、燃焼に酸素が必要であることは、小学校6年で既に学習しているが、酸素と鉄の化合が燃焼であるという事実について質量が増加する点から気づかせたい。目に見えない空気中の酸素の存在を酸化物の質量変化から実感できる力は、今後の科学に関する学習で大きな資質・能力となる。

　さらに、燃焼が酸化であるなら、化学変化で化合した酸素を除く還元反応も起こせるという予想も立てることができるはずである。そして、本単元の最後には、地球温暖化ガスの代表である二酸化炭素から酸素を取り除けるのではないかという視点に到達させたい。そこで、光触媒による人工光合成という最新技術について紹介し、国際力として応用できる資質・能力を養うことを目的とする。

(2) 単元目標

・鉄は燃やす前と燃やした後では違う物質になっていることをまとめられる。（知識・技能）
・鉄の燃焼により全く違う物質が生じたことを空気中の酸素と結び付けて指摘できる。
　　　　　　　　　　　　　　　　　　　　　　　　　　　　　　　　　（思考・判断・表現）
・鉄の燃焼によって生じる物質が鉄と異なることを確かめる方法を自ら考え、実験により積極的に確かめようとする。　　　　　　　　　　　　　　（主体的に学習に取り組む態度）

(3) 学習ロードマップ

K1	P1	R1
K2	P2	R2
K3	P3	R3

K1：鉄の性質を確認する。
K2：鉄の性質が失われることが化学変化であるという概念を理解する。
K3：鉄と酸化鉄の性質を比較する方法を考える。

P2：定性・定量実験により、鉄が空気中の酸素と結び付いて別の物質に化学変化したことを理解する。

R2：二酸化炭素から酸素を除くことについて考える。

(4) 単元計画

第1時　物質が酸素と結び付く変化を調べよう（P2）
　　　　鉄を加熱したときに生じる物質が、鉄と異なる性質を示すことを調べる。
第2時　酸化と燃焼の定義を理解する（K1　K2）
第3時　酸化物から金属を取り出そう（P2　R2）
第4時　還元の定義を理解する（K1　K2）
第5時　化学変化で熱を取り出そう（P2）
第6時　熱を発生する化学変化と熱を吸収する化学変化をまとめる（K2　K3）

2 実践のポイント

　鉄は銀白色、展性・延性のある重金属で、電気を通すという性質は既に学んでいる知識である。酸化鉄が黒色で、もろく重くなり、電気を導かないことが確かめられれば、燃焼が化学変化であるといえる。氷→水→水蒸気の物理変化（状態変化）は質量が変わらない。質量の変化は何かと結び付いたり、化合していた成分が失われることを示しており、これが化学変化であるという概念を、実験を通じて構築させるのがポイントである。さらに、酸化鉄は鉄よりも質量が増加することから、それが空気中の酸素であると気づかせる。目に見えない空気中の酸素を、質量増加という形で可視化できれば、化学変化の理解が大きく深まるはずである。例えば、夏場に繁茂する木々の質量の約50％が二酸化炭素であることにも実感を持って理解できるであろう。この概念は、地球温暖化ガス排出量規制とともに光合成を行う植物との地球上における共生がいかに重要であるかという点にまで影響が及ぶ。これこそが、経験によって裏づけられた知恵である。この実験により、化学変化の理解は、今後、人間が持続可能な開発を続けていく上で極めて重要であるとの意識を生徒に根づかせたい。

3 本時の展開（第1時）

(1) 鉄の性質を復習する

鉄の性質を挙げてみよう。
・重い（密度が高い）　・変形する（展性・延性）　・光沢がある　・電気を通す
・塩酸に溶ける

(2) スチールウール（鉄）を燃やしてできる物質を調べる

燃焼後の生成物の性質はどのようになるだろうか。燃焼によって鉄の性質が維持されるのか、それとも失われるのかの観点を持って観察する。

生成物を観察する際、視覚や触覚の違いは表現を工夫させる。

燃焼後の物質の性質を鉄と比べて、結果の表に書き込ませる。
|手順|
① スチールウールをまるめて質量をはかる
② スチールウールを燃やす（火がついたら息を吹きかけてよく燃やす）
③ 燃やした後の質量をはかる
④ 燃やした後の物質の見た目、触った感触（部分的に）を確かめる
⑤ 電流が流れるか調べる
⑥ 塩酸に溶けるか調べる

燃えたスチールウールが飛び散るため、燃焼時にはアルミニウム箔を敷き、質量測定の際にはアルミニウム箔に散った物質も合わせる。燃えた後の感触を確かめるときは火傷をしないよう、燃焼が終了してから3分間は放冷させる。

(4) 結果の発表

燃焼後の物質の性質を発表させ、生成物が鉄とは異なる物質に化学変化したことに気づかせる。

燃焼の前後で質量が変化した理由を考えさせる。

	燃やす前のスチールウール（鉄）の性質	燃やした後の物質の性質
質量	0.25g	0.34g
見た目	銀白色で表面に光沢がある	黒色
触感	弾力がある	崩れて粉になった
電気が流れるか	流れた	流れなかった
塩酸との反応	臭いのない気体が発生した	変化はなかった

(5) 結果の考察

> 燃焼によって、鉄はどのような仕組みで別の物質に化学変化をしたのであろうか。　(P2)

結果の記録で、定性的なものと定量的なものの違いに注目させる。定性的な違いから鉄が化学的に変化したことが導き出されるが、その理由は定量的な実験結果から考察できることに気づかせる。燃焼に酸素が必要であるという知識と、鉄の燃焼で質量が増加した事実の二つから、鉄は燃焼により空気中の酸素と結合し、酸化鉄に化学変化したという結論に到達できれば、科学的思考力・判断力を身につけられたことになる。

燃焼によって質量が減少する反応もあるが、酸化鉄生成の実験と何が異なるかを、ここで考えさせたい。質量の増減は酸化物が固体か気体かの違いであることに考えが及べば、今後の科学への関心・意欲は大きく高まるはずである。

物が燃えるという化学変化を解明するという観点で今回の実験に臨むことで、主体的に理科の学習に取り組む態度を養うことができる。

4 授業改善の視点

火を使う実験は、生徒が興味・関心を持って取り組む学習である。実験作業にはどの生徒も積極的に参加する。しかし、結果の考察では思考が十分に働かなかった生徒もおり、燃焼とは酸素との化合であるという概念をすべての生徒が完全に構築できたとはいえなかった。「なぜ、どうして」という知的好奇心を喚起する動機づけを行う必要があったようである。例えば、生徒実験の前に、燃焼中のスチールウールと燃えている花火を水に入れる演示実験で、消火という観点から燃焼に関する動機づけを行えば、実験後の考察をより活発にさせることができたのではないか。スチールウールの火は水中ですぐに消えるが、花火は水の中でも燃え続ける。この理由が本実験から探究できると意識づけできれば、生徒をより意欲的に思考させられるようになると考えられる。

［鈴木仁宏］

育てる資質・能力

現象を説明する妥当な考え方を作り出す力

実施学年 2年

単元名 ▶ 電磁誘導と発電

1 実践の概要

(1) 資質・能力の概要

　身の回りに溢れている様々な理科的現象のうち、現在、最も身近であり、かつ生活と切り離せないものが「電気」に関するものであろう。本単元は、電磁気分野の学習が、小学校3年の「磁石の性質」からはじまり、小学校4年の「電気の働き」、小学校5年の「電磁石」、小学校6年の「発電」と進んできたことを、「磁界」の概念を導入して可視化することでまとめさせ、科学的な見方や考え方を養うことをねらいとする。モーターや発電機などの構造や原理を科学的に説明できることが最終到達点である。

　今回は、「電気ブランコ」と、いわゆる「コイル電車」あるいは「ネオジム電車」などと呼ばれるものを演示実験として見せて、その原理を考えさせながら、「磁気」→「電気」→「電磁石」という学習に沿って学んだ様々な法則を再確認させる。一つひとつの法則をどう当てはめれば現象を説明できるのかを考えさせることで、理解を深めさせることができ、知識の定着につながっていく。

　本単元は、科学と生活が大きく関わっていることを実感できる単元でもある。日常生活の中や社会で利用されているものを挙げさせ、今回と同じように、どんな仕組みや原理なのかを考察することで、科学への興味・関心が高まることが望ましい。

(2) 単元目標

・演示実験を見て、「電気ブランコ」と「コイル電車」の共通点を挙げることで、基本的な概念を確認する。　　　　　　　　　　　　　　　　　　　　　　　　　　（知識・技能）

・「右ねじの法則」や「フレミング左手の法則」など、電車が動く仕組みを説明できそうな法則を挙げることで、法則をより深く解釈する。　　　　　　　　　　　（思考・判断・表現）

・電車が動く仕組みについて、自ら仮説を立て、その仮説について積極的に検証しようとする。　　　　　　　　　　　　　　　　　　　　　　　（主体的に学習に取り組む態度）

(3) 学習ロードマップ

K1	P1	R1
K2	P2	R2
K3	P3	R3

K1：「電気ブランコ」の動きを確認する。
K2：「電気ブランコ」の原理を理解する。
P2：「コイル電車」の原理を思考する。
P3：「コイル電車」の原理を説明する。

(4) 単元計画

第1時　磁石のまわりにできる磁界について調べよう（K1）
　　　方位磁石を用いて、磁界の向きを観察する。

第2時　導線に電流を流すことでできる磁界について調べよう（K2）
　　　直線電流、円形電流、（ソレノイド）コイルについて、方位磁石、鉄粉を用いて、右ねじの法則を理解する。

第3時　磁界の中で電流を流したときに生じる力の向きと、電流の向き、磁界の向きの関係を調べよう（K2）
　　　電気ブランコの演示実験を通して、フレミング左手の法則を理解する。

第4時　磁界の中で電流を流したときに起こる現象を説明しよう（P1）
　　　コイル電車の演示実験を通して、右ねじの法則、フレミング左手の法則の理解を深める。

第5時　電磁誘導によって発生する電池の大きさや向きを調べよう（P2）
　　　どういうときに電磁誘導が生じるのか、また、生じた電流の大きさとコイルの巻き数や磁石の動きについて理解する。

第6時　電磁誘導を利用しているものを調べよう（R1）
　　　発電機やモーターの原理を理解する。また、直流と交流の違いをまとめる。

2 実践のポイント

　コイル電車の演示実験を見せ、なぜ動くのかを考えさせる。その過程で、前時までに行っている電気ブランコの演示実験を思い出させ、似た現象であることに気づかせたい。その際に、学習した知識をもとに、電流と磁界についての法則を再確認させることが大切であろう。（「右ねじの法則」は直線電流、円形電流、（ソレノイド）コイルのそれぞれについて、「フレミング左手の法則」は電流、磁界、力の向きを、各自がきちんと理解できているかに留意する。）「コイル電車」の説明では、「フレミング左手の法則」を使って説明しようとすることが考えられるが、今まで学習した知識できちんと説明できることを、あらかじめ伝えておくことで、「右ねじの法則」を使って説明できることに気づかせたいものである。

3 本時の展開（第4時）

(1) 「コイル電車」の演示実験を確認する

このコイル電車はなぜ動くのだろうか。　　　　　　　　　　　　　　　（P2、P3）

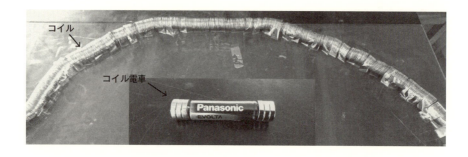

(2) 電流と磁界に関する法則を思い出す

「フレミング左手の法則」、「右ねじの法則」とは、どういう法則だったろうか。　（K2）

　必要があれば「電気ブランコ」の演示実験を再演し、「フレミングの左手の法則」を思い出させる。また、電流と磁界に関する、もう一つの重要な法則についても確認させる。それぞれの法則については、以下の点について留意する。

「フレミング左手の法則」
・電流の向き、磁界の向き、生じる力の向きの関係はどうだったか。

「右ねじの法則」
・直線電流のまわりに生じる磁界の向きはどうだったか。
・円形電流のまわりに生じる磁界の向きどうだったか。
・（ソレノイド）コイルのまわりに生じる磁界の向きどうだったか。

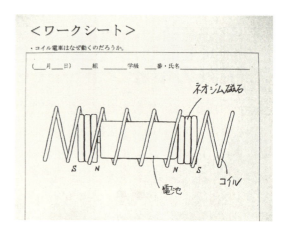

(3) 「コイル電車」の原理を説明する

「コイル電車」の原理を、作図を用いて説明してみよう。　　　　　　　　　（P3）

　各自にレールとなるコイルと、コイル電車が書き込まれた用紙（ワークシート）を3枚ずつ配付し、その用紙に各自の説明を記入させる。机間巡視で生徒の考えを確認しながら正しい方法に誘導する。

80　　第2部　スキルコードで深める理科の授業モデル

(4) 結果の発表

各自が考えた「コイル電車」の動く仕組みを、書かせた図を元に説明させる。

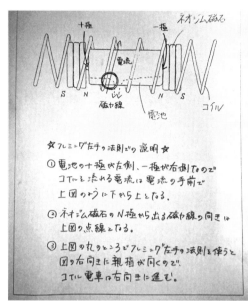
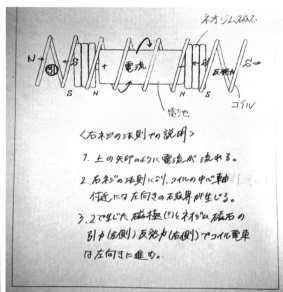

(5) 結果の考察

> ほかの人の説明（自分の説明）は、どこが間違っていたのだろうか。　　　　　　(P3)

　何かしらの力がはたらくことによって「コイル電車」は動くのであるから、「フレミング左手の法則」で説明しようとすることが見込まれる。しかし、電池を挟んだ磁石が作る磁界は磁石の周りが特に強く、電流が流れているコイル部分の磁力線の方向を見極めるの難しい。その先入観にとらわれることなく、柔軟に「右ねじの法則」でも考えてみようする発想力を持たせたい。

4 授業改善の視点

　本単元では、生徒自身に「コイル電車」が動く仕組みを考えさせること、説明させることが主題である。科学的思考のモデルケースとして、よく似た実験の「電気ブランコ」があることに気づかせ、そこから「コイル電車」の原理について妥当な考え方を見つけるという、科学的思考の深化を期待したい。注意点としては、「電気ブランコ」の実験から思い浮かぶ法則は「フレミング左手の法則」であるため、正解となる「右ねじの法則」から思考が遠ざかってしまいがちであることである。

　今回の実験と同じ仕組みである、磁石と電磁石により物体が動くものとして、リニアモーターカーがあるが、その仕組みに興味・関心を持たせられれば望ましい。

［森田康之］

育てる資質・能力

大気圧を理解して様々な現象を説明できる力

実施学年 **2年**

単元名 ▶ 水中や大気中ではどのような力がはたらくか

1 実践の概要

(1) 資質・能力の概要

　我々の身の回りには肉眼では見えない物質や現象が多く存在しており、それを解き明かして説明していくことは理科の大きなテーマのひとつである。ここでは、「大気圧」という目に見えず感じることも難しいものを理解し、一見不思議に見える状況を論理的に説明できるようにすることがねらいである。

　新学習指導要領では1年生で「力」について学び、2年生の気象の分野で単位面積当たりの力である「圧力」を学ぶ。これらはどちらも身近に見えたり体感できたりする具体例が多く、理解しやすい。しかし、その後に出てくる水圧・大気圧は見えない水や気体の粒子による力を考えなければならず、理解しがたい。教科書では吸盤が張り付く理由や、登山の際に密閉された袋を持っていくと袋が膨らむことが例として挙げられているが、これらをさらに発展させ、トリチェリの水銀柱の実験を水で行う「トリチェリの水柱」の実験を説明し、結果を予測させ、実際に行って観察させたその様子を論理的に説明できるようにさせる。

　単元の最後では減圧式のポンプが一定以上の高低差では使えないことや、気圧と沸点との関係性にまで言及することにより、生徒の興味をさらに引き出すことができると考えられる。

(2) 単元目標

・さまざまな圧力のひとつとして「大気圧」という圧力の存在を知り、そのあらわし方を理解する。　　　　　　　　　　　　　　　　　　　　　　　　　　　　　　（知識・技能）
・吸盤が張り付く理由や一端が閉じられた管の中の水が一定条件下では落ちない理由を考え、説明できる。　　　　　　　　　　　　　　　　　　　　　　　　　　（思考・判断・表現）
・身の回りにある大気圧を利用した装置を自ら調べる。　（主体的に学習に取り組む態度）

(3) 学習ロードマップ

K1	P1	R1
K2	P2	R2
K3	P3	R3

K1：圧力の定義・公式を学ぶ。
K2：大気圧による諸現象について考える。
K3：大気圧による諸現象を説明する。
P2：実験を行い、仮説を検証する。

R2：身の回りの大気圧を用いた装置を調べる。

(4) 単元計画

第1時　水中や大気中ではどのような力がはたらくか（K1）

第2時　水圧・大気圧による現象（K1　K2）

水中や大気中で起こる、目に見えない圧力による現象を学ぶ。

第3時　トリチェリの水柱の実験（K2　K3　P2）

トリチェリの水柱の実験結果を予測した後、実際に行い、どのような現象が起こるかを観察する。その後、その理由の説明を試みる。

第4時　大気圧を利用した装置にはどのようなものがあるか（P2　R2）

授業で扱わなかった大気圧が関係した装置や現象について、調べてきた内容を発表させる。

2 実践のポイント

　気体分子は肉眼では見ることができないが、実際には存在し、その重さもある。それをいかに生徒に伝わるような話を展開できるかが、生徒が身の回りの諸現象を説明できるようになるかのポイントとなる。

　大気圧の説明について、中学校では上空数kmにわたって存在する気体の重さによる圧力であるという説明がなされることが多いが、規模がマクロすぎて想像しにくいという印象がある。必要に応じて高校で教えるような、粒子の熱運動による衝突というモデルを導入することが有効であるかもしれない。特に1年生の化学分野の内容で物質の三態とその変化を扱っており、ここで熱運動について触れていれば自然な流れで理解を促すことができる。

　これらの適切な足場かけを行ったうえで、不思議な現象を説明する練習を通して、漠然とした大気圧への知識を概念に変えていきたい。

3 本時の展開（第3時）

(1) ストローを用いたモデル実験

> 水が入ったコップにストローを差込み、上端を指で押さえて引き上げるとどうなるか？
> それはなぜか？　　　　　　　　　　　　　　　　　　　　　　　　　　　　　　（K2）

　これは多くの生徒が体験したことのある現象であろう。これを大気圧の概念を使って持ち上げることのできる理由を説明させる。

(2) トリチェリの水柱の結果予想

> このストローをものすごく長くして、中の水の量が増えたらどうなるだろう？　　（K3）

この発問に対し考える時間をとり、その後、指名して考えの代表例をいくつか取り上げる。
・どこかで水が出てきてしまう。
・どんなに長くしても水が出てくることはない。
　生徒の予想は様々であるが、上記の二つの主張に収束させることができる。

(3) 《実験》実際にトリチェリの水柱の実験を行う

実験手順（演示実験）

① バケツ等に食紅で色をつけた十分な量の水を用意する。
② 25m 程度の耐圧チューブを用意し、その中央に紐をつけられるようにフックを固定する。
③ 耐圧チューブの一端を色のついた水につけて固定し、もう一端にポンプをつないで減圧し、チューブの中に水を入れていく。
④ チューブ内が水で満たされたら、ポンプにつないでいた端もバケツの水の中に入れて固定する。この時、チューブのどこにも空間がないことを確認させる。
⑤ フックに紐をつけ、高所から引き上げる。
⑥ 9〜10m 付近で変化が観察されるので、そこに注目して観察するように指導する。なお、一般的な建物であれば、3階と4階の間である。
　※巻尺をチューブに平行して垂らしておくと、正確な高さがわかる。

実際の実験の様子
非常階段を利用している

(4) 結果の確認とその説明

9〜10m 付近で水が存在していなかった空間ができた。これはなぜだろう。　　　（P2）

　まず、ストローとチューブの乖離は指摘すべきである。実際、10m 以上の耐圧チューブを縦向きに固定し同様の実験を行うことは比較的困難である。しかし、実験結果以上の高さでは水を保持できないという点は同様であることを強調する。
　「ストローを指で押さえると水を持ち上げられたのはなぜだったか」、「新たにチューブにできた空間には何が存在しているのか」など、大気圧が水の柱を支えているという答えが出るように誘導しながら発問していく。最終的には、生徒側から答えを出させることで、自ら新たな理論を構築させた喜びを与えることができる。

(5) 説明の妥当性と大気圧の利用

> 理論上の値を計算し、実際の高さと一致するか確かめてみよう。　　　　　　　　　（P2）

　圧力（Pa）の計算方法は既習であるので、それを確認した上で、大気圧・1kg にかかる重力・水の密度を与えれば、水蒸気圧を無視した水柱の高さを求めることができる。計算結果と実験結果が一致すれば、生み出した説明の妥当性を確認しつつ、知識を活用できた喜びを味あわせることができる。また、ずれが生じた理由と空間ができ始める瞬間に沸騰が観察できたことを関連づけられれば、さらに沸点等発展的な理解を促すことができる。

4 授業改善の視点

　見えない力について自ら説明を構築し、妥当性を検証することができれば、生徒にとても大きな達成感を与えることができる。しかし、その過程は難しく、授業においていかれてしまう生徒が出やすいことは注意すべきである。実際、この展開を理解できた生徒はあまり多くなく、結果を聞いてから、それを理解しようとする受身の姿勢になってしまう生徒が見られた。

　また、ストローの話から展開しているのに対し、実際に使っているのが半分に折られたチューブであるという点も理解を妨げている一因として考えられる。理論上の違いはないとはいえ、一段階プロセスを挟んでしまうのは、考えを模索中であるこの段階の生徒にとっては非常に大きなハードルとなる。理想的に言えば、まさにストローをそのまま10数m大に拡大したような装置を用意することが望ましいと考えられる。

［金子友則］

育てる資質・能力
理論を検証する力と実験を設定する力

実施学年 3年

単元名 ▶ **遺伝の規則性をしらべよう**

1 実践の概要

(1) 資質・能力の概要

　実験には、演繹的実験と帰納的実験がある。演繹的実験は、多くの実験を行って、その結果から結論を導き出す方法であり、帰納的実験は、結論がすでにあり、その結論を検証するために行われる実験である。中学校で行われる実験は主に後者であることから「結論ありき」になりがちだが、結論通りに実験結果が出なかった場合、その理由を考えることにより論理的思考力を育てることが重要である。

　提案する実践では、メンデルの遺伝の法則を確認するためのモデル実験をおこなう。実験というとその準備や片づけに膨大な時間と労力を必要とし、尻込みしてしまう教師も多いと思うが、今回は「10円玉2枚」という身近なものを利用する実験である。また、特に教師が実験方法をあらかじめ指示してやらせる従来の方法ではなく、「10円玉2枚で一遺伝子雑種のF_2（雑種第2代）が3：1になることを実験で証明しよう」と問いかけ、その方法を考察・発表させた上で実験を始めさせる。

　実験結果のまとめでは、結果の精度を上げるためにはどうしたらよいかという統計的知識、および、なぜそのような結果が出るのかを数学的知識をもとに説明させる。

　なお、発展実験として、10円玉（A, a）2枚と、100円玉（B, b）2枚を用意して、二遺伝子雑種の雑種第2代が9：3：3：1になるかどうかを確かめる実験もできる。この場合、10円玉と100円1枚ずつ持たなくてならないので、「分離の法則」の理解の助けになる。

(2) 単元目標

- メンデルの実験を遺伝子A, aを使って説明することにより、実験結果を検証することができることを確認する。　　　　　　　　　　　　　　　　　　　　　（知識・技能）
- 純系の対立形質を交雑すると、F_1には優性形質のみ現れるという「優性の法則」を理解する。　　　　　　　　　　　　　　　　　　　　　　　　　　　　　　　（知識・技能）
- 2個の10円玉を配偶子に見立て、表を「A」、裏を「a」として1個ずつ投げ、その2つを合わせるとF_2の遺伝子型になることの実験を設定する。　　　　　（思考・判断・表現）
- 両親からできる子供は、両親の確率的な配偶子の組み合わせによって多様な子供ができる

ことに気がつく。　　　　　　　　　　　　　　　　　　　　（思考・判断・表現）
・実験の結果を、数学の知識を生かして説明しようとする。（主体的に学習に取り組む態度）

(3) 学習ロードマップ

K1	P1	R1
K2	P2	R2
K3	P3	R3

K1：メンデルの実験の結果を理解する。
K2：メンデルの実験の結果を遺伝子を使って説明する。
K3：メンデルの実験の結果をモデル実験で検証する。
P2：実験の結果を数学の確率の知識で説明する。

(4) 単元計画

第1時　有性生殖から子孫にどのような形質が現れるのだろうか。メンデルが実験で用いた
　　　エンドウの特徴をもとに考えよう（K1）
第2時　メンデルの交配実験の規則性を理解しよう（K2）
第3時　メンデルの交配実験を遺伝子で考えよう（K2）
第4時　遺伝の規則性を確かめてみよう（K3　P2）

2 実践のポイント

　まず、1つ目のポイントは10円玉を配偶子に見立て、表を「A」、裏を「a」とすることに気づかせることである。その二つを投げて出たものがF_2の遺伝子型である。つまり、表・表なら「AA」、表・裏なら「Aa」、裏・裏なら「aa」となる。2人1組程度の班を作り、各班でコインを100回投げてその結果を記録し、実験終了後、各班の結果を黒板に板書する。班によって結果に違いが出ることから、「結果ありき」の実験からは脱却できる。
　さらに「実験結果の精密度をあげるためにはどうしたらよいか」という発問をし、すべての班の結果を合計することによって、多くの試行をしたことになり、より正確な結果が得られるという統計的知識にも気づかせる。
　最後にまとめとして、「なぜ、3：1になるのか」を数学の確率の知識で考えさせ、発表させる。この時に、F_1の配偶子形成時において、配偶子A：a＝1：1になることが根底にあることも理解させる。

3 本時の展開（第4時）

(1) 一遺伝子雑種の復習

> Pとして、エンドウの純系の丸粒としわ粒を交雑すると、F_1の遺伝子型と表現型はどうなるか。　　　　　　　　　　　　　　　　　　　　　　　　　　　　　　　　（K1）

　→Aa　すべて丸粒（優性の法則による）

(2) F₁の自家受精のモデル実験

> F₁を自家受精すると、①F₂の遺伝子型とその分離比、②表現型とその分離比は、どうなるか。　　　　　　　　　　　　　　　　　　　　　　　　　　　　(K2)

→①　AA：Aa：aa＝1：2：1　　②　丸粒：しわ粒＝3：1

各班に分かれて実験を考える。

> それでは、F₂の結果を手元にある10円玉2枚で検証してみよう。どういう実験をすればよいか。　　　　　　　　　　　　　　　　　　　　　　　　　　　　　(K3)

→1枚の10円玉がオスの配偶子A（表）とa（裏）、もう1枚が雌の配偶子。その二つを投げて出たものがF₂の遺伝子型になる。表・表なら「AA」、表・裏なら「Aa」、裏・裏なら「aa」。

各班で実験をさせる。一人が2枚投げてもよいが、一人1枚ずつのほうが、オス・メスの配偶子のイメージが得られやすい。これを100回程度繰り返し、記録していく。

〈班の記録〉　　氏名　浦島太郎・桃太次郎

F₂の遺伝子型	AA	Aa	aa
回数	正 丁 ⋮	正 正 正 ⋮	正 一 ⋮
100回の合計	24	53	23

① F₂の遺伝子型とその分離比
　　AA：Aa：aa＝24：53：23
② 表現型とその分離比
　　丸粒：しわ粒＝77：23＝3.3：1

(4) 結果の発表

各班の表現型の結果を板書して、見比べる。なお、結果は、しわ粒（aa）を1として比を算出する。

班	丸：しわ（実数）	丸：しわ（計算値）
1	74：26	2.8：1
2	72：28	2.6：1
3	77：23	3.3：1
⋮	⋮	⋮
合計	1492：508	2.9：1

※合計は、結果の考察の冒頭の質問の後に教師が記入する。

(5) 結果の考察

得られた結果には「ばらつき」があるが、より正確に結論づけるためには、どうしたらよいだろうか。　　　　　　　　　　　　　　　　　　　　　　　　　　(P2)

→各班の結果を合計する。それにより、やった回数が増えるので、より正確な値を出せる。

なぜ、丸粒：しわ粒＝3：1になるのだろうか。数学の知識から考えてみよう。(P2)

※これは「確率」の問題であることをヒントとして与えてもよい。
→1枚の10円玉を振った時、表になる確率は1／2、裏になる確率も1／2である。もう1枚の確率も同様なので、表・表になる確率は1／2×1／2＝1／4、表・裏になる確率も同様に1／2×1／2＝1／4、しかし、裏・表の確率もあるので、これを2倍して1／2。裏・裏の確率は1／2×1／2＝1／4となる。これにより、丸粒：しわ粒＝（1／4＋1／2）：1／4＝3：1

4 授業改善の視点

　この授業では、生徒が実験方法を考え、その結果をより正確に出すためにはどうしたらよいかを考察し、さらにその結果が現れる理由を数学の知識から導かせるという、生徒の探究活動を主とすることに重点を置いた。10円玉を振るという単純な作業であったが、各班によって結果がまちまちであったことで、各班の結果発表では生徒たちは盛り上がっていた。
　科学の世界では、理論通りに実験結果が出ることはそう多くない。それを補うために、過去の研究者は実験を繰り返すことによって大きな発見や法則を見出すことができたことを生徒に垣間見させることができれば、この授業は成功である。

［五十嵐康則］

育てる 資質・能力

中和を確認する方策を考える力

実施学年 3年

単元名 ▶ **酸・アルカリとイオン**

1 実践の概要

(1) 資質・能力の概要

　中学校で行われる理科実験の多くは知識面・安全面・器具面から、実験操作を限定してしまうことが多い。例えば「試験管の中に入った塩酸にBTB指示薬を加えると黄色になることを観察する」というような実験があるが、酸性であることをBTBの色で確認する実験は生徒からすると何も考えることがなく、問題解決能力の育成の観点からすると意義が乏しい。生徒にとっては、このような観察に終始する実験は、料理本通りに材料を調理しているのと同じである。

　中学3年生は中学校の最高学年であるので、知識面ではある程度の実験操作を発想・立案するには十分である。教科書では指示薬を用いて液性を判断することが例示されているが、これ以外にも今までに習った物質の性質を利用して中和したことを判断することは可能である。この単元内の知識で考えると、pHの変化をpHメーターで観察したり、金属片を入れて酸が残留しているかどうかを確かめたりすることでも判断できる。また、1年時の知識を使って、一部を取り出して蒸発残留物の量を検討することでも判断可能である。このような活動を通じて、酸とアルカリに関する理解を深めると共に、中学校で学んできた学習内容の総確認・総利用を促すことがねらいである。

(2) 単元目標

・酸とアルカリを混ぜることによってどのような反応が起こるのかを理解し、その記述方法を学ぶ。　　　　　　　　　　　　　　　　　　　　　　　　　　　（知識・技能）

・既習の知識を使って過不足なく中和反応が起こったことを確認する方法を立案する。
　　　　　　　　　　　　　　　　　　　　　　　　　　　（思考・判断・表現）

・立案した方法に基づいた実験を行い、実際にその方法が有効だったかどうかを検証する。
　　　　　　　　　　　　　　　　　　　　　　　　　（主体的に学習に取り組む態度）

(3) 学習ロードマップ

K1	P1	R1
K2	P2	R2
K3	P3	R3

K1：酸とアルカリの性質・反応を学ぶ。
K2：酸とアルカリの性質・反応を実際に確認する。
K3：学んだ性質を活用する方法を考える。
P2：実験方法を立案し、実践する。
P3：試薬を変えたときに同様の方法が可能かを考える。

(4) 単元計画

第1時　酸とアルカリの性質（K1）

第2時　酸とアルカリの正体（K1　K2　K3）
　　　　酸とアルカリを電離させ、イオンの状態で考える。

第3時　酸とアルカリの反応（K1　K2　K3　P2）
　　　　酸とアルカリを混合したときの反応について学ぶ。そして、それを確認する方法を立案する。

第4時　酸とアルカリの反応を実際に確かめる（P2　P3）
　　　　自らが立案した方法に基づいて実験を行い、その様子を観察・記録する。

第5時　実験結果の発表と考察、他の例での検討（P2　P3）
　　　　実験の結果が妥当だったか、酸と塩基の種類を変えたらどうなるかを考える。

2 実践のポイント

　電解質が電離してイオンになることや、その水溶液に電気が流れるかなどは、前単元で学習済みである。また、pHや指示薬と液性の関係は前時に学習している。それ以外にも突破口になる性質はいくつか考えられるが、最高学年として今までの知識を活用し、酸とアルカリだけでなく多単元の内容も知恵とすることを目標とする。

　しかし、立案した方法がうまくいくとは限らない。もちろん安全面での危険がある場合は計画の段階で教師が指導する必要があるが、そうでないならば確認できないことが予測できたとしても、それを実践させ、それを改善させる方法を生徒自らに考えさせることが重要である。これにより、この単元内でPDCAサイクルを1回分行うことができる。

3 本時の展開（第3時）

(1) 酸とアルカリの反応について

> 酸とアルカリを混合すると、どのような反応がおこるだろう。　　　　　　　　　　（K1）

　ここで電離した酸とアルカリのイオンが組み合わせを替え、水と塩が生じることを説明する。この際、各物質の性質にふれ、どうすれば確かめられるかのヒントをうまくちりばめる

ことがポイントとなる。
(2) 酸とアルカリの反応を確認する方法を立案させる

> 酸とアルカリが反応したことを確認するには、どうすればよいか。　　　　(K3)

　この時点で、実験を行う班の体制にする。そして、酸とアルカリが反応することにより変化する様々な性質を肉眼で捉えるにはどのようにすればよいかを考えさせる。なお、この時点で、今回実験に用いるのは塩酸と水酸化ナトリウム水溶液であるということを明示し、計画を記入するための用紙を班に1枚配付する。主に以下のような方針が生徒の間で発されると予想される。
・指示薬を用い、色の変化で酸やアルカリの性質がなくなったことを確認する。
・pH計を用い、その変化を観察する。
・マグネシウムリボン等の金属を加え、酸としての性質があるかどうかを確認する。
・電極を用いて回路を作り、電機の流れやすさを調べる。
・一部を取り出し加熱して蒸発させ、残ったものの重さを調べる。
・飲んで味を確かめる。
　このうち、6番目のような明らかに危険を伴うものは、机間巡視の際にこの時点で方向性を変えさせる必要がある。

(3) 実際にどのような器具・手順で実験を行うか考えさせる

> みんなが考えた方法を実際に試すには、どのような器具を使い、どのような操作をすればよいかまとめよう。　　　　(P2)

　配付した用紙を用いて、具体的にどのような操作をするのかを検討させ、まとめさせる。この際、使用可能な実験器具等の質問については答えるべきだが、「これで大丈夫でしょうか？」といったような計画全体の可否を問うような質問には答えないようにする。これにより、その判断自体を生徒ができるようにする。また、「ビーカーに塩酸を注ぐ」等の計画だと、何mLのビーカーに何を用いて何mL注ぐのかがわからず、実験の際に混乱することが考えられる。この点も踏まえ、細かい内容まで立案するよう指導する。

配付プリントの生徒記入例

4 授業改善の視点

　本授業では、酸とアルカリの反応について、自ら確認する方法を考えさせ、それを実験させた。ほとんどの班で反応の確認が可能な実験が行われたが、これは教師の指導によるものと、直前に教えた無難な方法を計画する班が多かったことに起因すると考えられる。確かに指示薬やpHを用いて実験を行うのは非常に適切であり、金属や電気伝導度を用いるのは邪道ともいえる。したがって、「電気伝導度を用いて酸とアルカリの反応を確認することはできるか。」などといったダイレクトな発問をしないと、そのような考えは出てこないと思われる。ただ、溶液を入れる器具や分注する器具ひとつとっても、自ら考えなくてはならないという状況は今までになく、意義深いものとなる。

　また、中学校でよく取り上げられる酸とアルカリの反応として、硫酸と水酸化バリウムの反応がある。この二つからでき上がる硫酸バリウムは不溶性の塩であるため、電気伝導度等の測定を行ったときに塩酸と水酸化ナトリウムのときと違った性質を示す。しかし、これも教師側から発問しないと疑問とならないレベルと考えられる。

［金子友則］

育てる資質・能力

予想や仮説を発想する力

実施学年 **3年**

単元名 ▶ 力と運動

1 実践の概要

(1) 資質・能力の概要

　力と物体の運動については、直感や先入観から、誤った考え方を持っている生徒が多いのが特徴である。また、仕事とエネルギーの関係については、目に見えない物理量であるため、イメージを確立すると理解しやすい。どちらも、日常生活や社会と関連付けて運動やエネルギーの初歩的な見方や考え方を養うことをねらいとする。本時は、運動のようすを手軽に記録することができる記録タイマーの正しい使い方を身に付けさせることからである。まず、力がはたらく運動の実験をそつなくこなせるようになった段階で、次に、力がはたらかない運動を記録するためには、どのような工夫が必要か考えさせる。条件を満たす実験方法を自ら立案することで、経験を通しながら知識の定着が図られる。

　はじめに記したが、等速直線運動している物体には常に一定の力がはたらいているものとの誤った考え方が見込まれる。その誤解を解くための思考実験として、次のようなものを考えさせるのもよい。落下するおもりによって引かれる台車は、重力によって斜面を転がる球の運動とみなすことができる。ガリレオ・ガリレイが考えたように、U字のレールを用意すれば、転がった球は反対側のほぼ同じ高さまで上がる。それでは、上り坂の方のレールの角度を緩やかにするとどうなるか。やはり、最初に転がした高さとほぼ同じ高さまで上がる。それならば、上り坂を水平にしてしまったらどうなるか。どこまでも一定の速さで転がると考えるならば、その転がっている球には進行方向に力がはたらいているのか、といった具合である。

(2) 単元目標

・運動のようすを記録するにはどうすればよいか考えさせる。　　　　　　　　（知識・技能）
・斜面を下る台車あるいは、自由落下運動をするおもりを用いて、力がはたらく運動を記録し、その結果から運動のようすを理解する。　　　　　　　　　　　　（思考・判断・表現）
・力がはたらかない運動を記録するにはどういう工夫が必要か思考させ、実際に検証しようとする。　　　　　　　　　　　　　　　　　　　　　（主体的に学習に取り組む態度）

(3) 学習ロードマップ

K1	P1	R1
K2	P2	R2
K3	P3	R3

K1：運動のようすを記録する器具を確認する。
K2：力がはたらく運動を理解する。
K3：自由落下運動を理解し、加速度について考える。
P2：力がはたらかない運動を記録するにはどうしたらよいか考える。

(4) 単元計画

第1時 力がつり合うときの条件を調べよう（K1）
物体にはたらく2力についての実験を行い、力がつり合うときの条件を見いだす。また、力の合成と分解についての実験を行い、合力や分力の規則性を理解する。

第2時 物体の運動について調べよう（K2）
物体の運動についての観察、実験を行い、運動には速さと向きがあることを理解する。

第3時 力と運動の関係について調べよう（P2）
力がはたらく運動および力がはたらかない運動についての観察、実験を行い、力がはたらく運動では運動の向きや時間の経過にともなって物体の速さが変わること、および力がはたらかない運動では物体は等速直線運動することを見いだす。

第4時 運動に関する法則をまとめよう（K2）
慣性の法則、作用反作用の法則、運動の法則（ニュートンの運動の3法則）について理解する。

第5時 仕事とエネルギーについて理解しよう（K2）
仕事に関する実験を行い、仕事と仕事率について理解する。また、衝突の実験を行い、物体の持つエネルギーの量は物体が他の物体になしうる仕事で測れることを理解する。

第6時 力学的エネルギーについて理解しよう（K3）
力学的エネルギーに関する実験を行い、運動エネルギーと位置エネルギーが相互に移り変わることを見いだし、力学的エネルギーの総量が保存されることを理解する。

2 実践のポイント

　前時までに、力と運動について個別に学習した。その知識をもとに、時間とともに位置の変わっていく運動をどのように記録して理解するのか、また、力がはたらく運動では、運動の向きや時間の経過にともなって物体の速さが変わること、および力がはたらかない運動では物体は等速直線運動することに気づかせる。その際に、生徒が創意工夫しながら実験の方法を考えることを通して、「一定の力がはたらく運動」≠「等速直線運動」であることに到達することを目標とする。

　さらには、力がはたらく運動を、斜面を下る台車と自由落下運動の2つの場合について比較させることで、力の分力や力の大きさによって速くなる割合（加速度）が異なること、ま

た、自由落下運動のおもりの質量を変えた2つの場合について比較させることで、落下する物体の速さに変化がないこと、および重力によって速くなる割合（重力加速度）にまで着想を持たせられるとよい。

3 本時の展開（第3時）

(1) 物体の運動のようすを記録する

> どんな方法で記録できるだろうか。　　　　　　　　　　　　　　　　　　　（K1）

(2) 力がはたらく運動を記録し、運動のようすを理解する

> どんな実験装置を組み立てればよいだろうか。　　　　　　　　　　　　　　（K2）

　斜面の角度を変えることで、どのような変化が起こるか考えさせる。また、角度を大きくしていき、90°となったときが自由落下運動であることに気づかせる。

(3) 力がはたらかない運動を記録し、運動のようすを理解する

> 装置にどんな工夫をする必要があるだろうか。　　　　　　　　　　　　　　（P2）

　力がはたらいていない状況を、どのようにすれば作り出すことができるのか考えさせ、それに見合った実験装置を生徒に組み立てさせる。机間巡視で生徒の考えを確認しながら正しい方法に誘導する。

(4) 結果のまとめ

各班で行った実験をレポート用紙にまとめさせる。

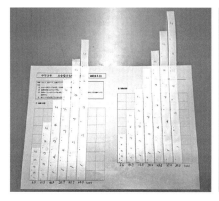
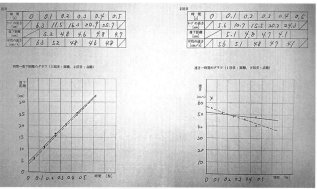

(5) 結果の考察

> それぞれの運動は、どのようにまとめられるだろうか。　　　　　　　　　　(P2)

　力がはたらく運動は、記録テープの長さがだんだん長くなることから、速くなっていること、そして、その割合が一定であることを見出させる。また、斜面の角度が大きいほど速くなる割合が大きいこと、さらには、自由落下運動ではおもりの質量に関わらず、速くなる割合が一定であることまで見出させたい。

　力がはたらかない運動は、静止してしまうのではなく、等速直線運動になることを、自信を持って説明できるようにさせられれば、ねらいが達成できたといえる。

4 授業改善の視点

　力がはたらかない状況を考える際に、「惰力」という概念が邪魔をすることが考えられる。力がはたらかない運動の状況を実現するに当たり、おもりが床についた後の台車の運動が、まさに力のはたらいていない状況なのであるが、惰力という力で台車が運動を続けていると考えてしまう生徒もいるのではないか。ブランコなど実体験を思い起こさせ、感覚的に理解できることが望ましい。

　この単元のテーマの先には、重力加速度がある。自由落下運動の実験結果から、速さ－時間グラフ（$v-t$ 図）を作成させ、そのグラフの傾きが何を意味するのか、また、その値はいくつなのか、さらには正確な値との差はどうして生じるのか（精度を高めるにはどうすればよいか）など、興味・関心を持って探究していくことを期待する。

［森田康之］

育てる資質・能力

天体の位置関係や運動を俯瞰する視点から考える力

実施学年 **3年**

単元名 ▶ 月の満ち欠け

1 実践の概要

(1) 資質・能力の概要

　この単元では、天体の日周運動や年周運動、月や惑星を観察させたり、宇宙に関する資料を情報として与えたりして、地球と宇宙に関する興味・関心を高め、自ら探究しようとする態度を育成する。また、地球と宇宙に関する基礎的・基本的な知識や観察技能を習得させるとともに、観察の記録や資料などを分析して解釈させる際には、例えば、図やモデルを使って説明させることにより、思考力、表現力などを育成する。さらに、それらの活動を通して時間概念や空間概念を形成し、天体の位置関係や運動について相対的に捉える見方や考え方を養うことが大切である。

　実践した授業では、太陽及び月、金星の動きや見え方の観察を行い、その観察記録や資料から、太陽の形や大きさ、表面の様子などの特徴を捉えさせるとともに、月の見え方を公転と、金星の見え方を太陽系の構造と関連づけて考えさせる。また、惑星と恒星の特徴を理解させ、太陽系の構造を理解させることが主なねらいである。また、月が約1ヶ月周期で満ち欠けし、同じ時刻に見える位置が毎日移り変わっていくことを、月が地球の周りを公転していることと関連づけて考えさせることがねらいである。

　そのため、例えば、日没直後の月の位置と形を2週間ほど観察し、その観察記録や写真、映像などの資料を基に、月の見え方の特徴を見いださせ、それを太陽と月の位置関係や月の運動と関連づけて考察させる。その際、太陽、月、地球のモデルを用いて、地球から見える月の形がどのように変化するかを調べ、それぞれの天体の位置と地球から見える月の形との関係を説明させたり、月の満ち欠けの様子や日没直後の月の位置が西から東へ移動することから、月が公転する向きを推測させたりすることが考えられる。

　ここでの学習においては、デジタルコンテンツ等を活用して、観察者の視点（位置）を移動させ、太陽、月、地球を俯瞰するような視点から考えさせることが重要である。

　また、日食や月食が月の公転運動とかかわって起こる現象であることにも触れたい。

(2) 単元目標
・月の特徴に興味を持つ。 （知識・技能）
・月の満ち欠けと太陽との位置関係を説明できる。 （思考・判断・表現）
・月の満ち欠けと太陽、地球を関連づけて説明できる。 （主体的に学習に取り組む態度）

(3) 学習ロードマップ

K1	P1	R1
K2	P2	R2
K3	P3	R3

K1：月の特徴を確認する。
K2：月の特徴と他の天体の特徴を比較する。
P1：月の満ち欠けと太陽の位置関係を説明できる。
P2：月の満ち欠けと太陽、地球の位置を関連づけて説明できる。

(4) 単元計画
第1時　月と太陽（K1　K2）
第2時　太陽系内の惑星（K2　P1　P2）
　　　太陽系内の天体について調べる。金星の満ち欠けを月の満ち欠けと関連づけて考える。
第3時　太陽系と宇宙（K1　K2）
　　　宇宙の広がりを理解する。

2 実践のポイント

　今回扱う単元である天体分野については、小学校4年に「月の形と動き」、「星の明るさ」、「星の動き」、小学校6年に「月の位置や形と太陽の位置」、「月の表面の様子」について学習しており、様々な天文現象が主に地球をはじめとする天体の自転や公転によって起こっていることを学習している。中学校では初めて天体分野を扱うが、小学校までの知識を基に月の特徴についての授業を行う。また、月の満ち欠けとその仕組みについてARを使った実験を通して、体感させ、理解を深める。

3 本時の展開（第1時）

(1) 月の特徴を理解する

月は満ち欠けする（写真1）。どうしてだろう。 （P1）

　月の特徴や日食、月食についても触れるが、メインは月の満ち欠け（写真1、次ページ参照）である。月と地球の位置関係をワークシート並びに「Ai.R-Cord」などのARコンテンツを使って考えさせる（図1、次ページ）。

写真1

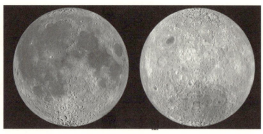

写真2

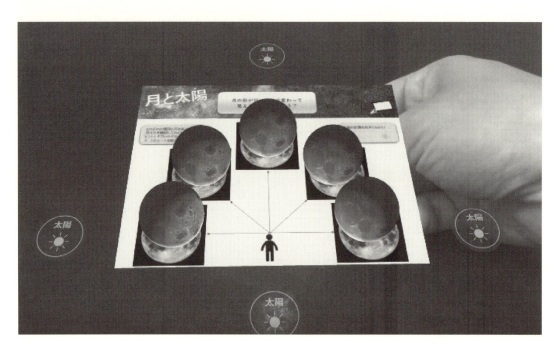

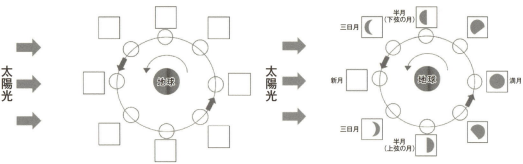

図1

(2) 月の満ち欠けと地球の自転、月の公転の関係について理解する

> 月には表裏があり（写真2）、地球にはいつも表しか向けていない。どうしてだろう。
> (P1)

　生徒の月のイメージは写真2の左側。それをヒントに月が同じ面（表面）しか地球に向けていない理由を考えさせる。また、表裏で見た目が大きく異なる理由を国語で既習している「月の起源を探る」という文章を基に考えさせた。最も身近な天体である月でさえ、わからないことが多い。生徒の興味・関心によって学習の幅が広がっていく。

　次時では、金星の満ち欠けを扱う。月と違い、金星と地球の距離が変わったり、金星が太陽に入ったりと動きが平面で扱えないため、生徒は複雑に感じる。月の満ち欠けで地球と他の天体との位置関係を俯瞰するような視点から考えさせることを身につけさせることが大切である。

4　授業改善の視点

　これまでは紙や模型を使った手法で授業を行っていたが、昼間の教室では暗闇を確保するのに苦労した。また、模型への光の当たり具合によっては満ち欠けがはっきりわかりづらいなど問題点が多かった。今回、デジタルコンテンツを利用することで、それらの問題点を克服でき、また、生徒が主体的に活動していたのが印象的だった。改善点としては、例えば、ARアプリが自分自身を地球、蛍光灯を太陽と見立てて動くようなものであると、より生徒も活動しやすかったと思う。新しいアプリが次々にリリースされているので、試していきたい。

［上原慎也］

育てる資質・能力
さまざまな学習内容を結び付けて考える力

実施学年 **3年**

単元名 ▶ 太陽系と宇宙の広がり

1 実践の概要

(1) 資質・能力の概要

　この実践では、太陽系の天体について学習する。太陽系とはどのような星の集まりなのか、その中心にある太陽とはどのような星なのかを学ぶ。そして、太陽の周りを公転する惑星や彗星の特徴について理解し、太陽系の構造、さらにはその外側の銀河系まで学習する単元となっている。

　そこで、太陽系の天体の特徴をまとめる過程で、「どうして地球にだけ生命が誕生したのだろうか」を考えさせ、「どのような条件がそろったため、地球に生命が誕生したのか」を予想させ、「そのような条件がそろえば地球以外でも地球と同じような生命が誕生するか」という仮説を考えさせる授業を設定した。

　そのために必要なことは、まず、太陽系の惑星の詳しい知識である。現代は探査機が直接地球以外の惑星まで飛んで行き、詳細なデータと写真を撮影してくる時代である。生徒はそのような画像を過去に見たことがあるであろうが、地球と対比させながら特徴を説明し、地球の環境の特殊性を理解させる。また、「生命の誕生」を扱うために、中学1年で学習した物質の三態、水溶液の性質、化石、中学2年で学習した細胞のつくり、ヒトの体のつくり、進化、中学3年で学習した遺伝など、理科の学習内容を活用しながら考えを進める。太陽系の中で考えていたことを宇宙全体でも言えるかを考察させ、宇宙で生命が誕生するための条件を仮説としてまとめさせ、発表させたい。

(2) 単元目標

・太陽系の天体（太陽、月、惑星、衛星、小惑星、彗星）の特徴を理解する。（知識・技能）
・太陽系の天体を、その特徴からいくつかのグループに分けることを行う。また、それを表にしてまとめることができる。　　　　　　　　　　　　　　　　　　　　（思考・判断・表現）
・太陽系の天体の特徴と、今まで理科で学習した化学分野、生物分野の知識を使って、地球にだけ生命がある理由を考え、地球以外の天体に地球型の生命が誕生するために必要な条件を仮説としてまとめ、発表することができる。　　　　　　（主体的に学習に取り組む態度）

(3) 学習ロードマップ

K1	P1	R1
K2	P2	R2
K3	P3	R3

K1：太陽系の惑星の特徴を理解する。
K2：太陽系の惑星を地球型と木星型に分類する。
K3：太陽系の天体で生命が発生したのは地球だけであると理解する。

P2：地球だけに生命が誕生した理由を分析する。
P3：宇宙で生命が誕生するために必要な条件について仮説を立て発表する。

(4) 単元計画

第1時　太陽系のすがたはどのようになっているか（K1）
第2時　太陽はどのような天体か（K1）
第3時　太陽はどのような天体か（K2　K3）
　　　　太陽の表面のようすを調べよう。（観察）
第4時　太陽系の天体を調べよう（K1　K2）
　　　　地球型惑星の特徴を理解する。
第5時　太陽系の天体を調べよう（K1　K2）
　　　　木星型惑星の特徴と、惑星以外の天体について理解する。
第6時　太陽系の外はどのようになっているか（K1）
第7時　太陽系の外はどのようになっているか（K2　P2　P3：本時）

2 実践のポイント

　太陽系の天体の中で生命がいることがわかっているのは地球だけである。それはなぜか、という率直な疑問を、今まで学習した内容から判断し、仮説として発表することを最終的な目標とした。

　生徒の中から、「水」「温度」「空気（または酸素）」がそろっていれば生命が誕生する、という意見が出てくるであろうことは予想できる。今回は、そこで終わりにするのではなく、なぜ「水」が必要か、なぜ「温度」が重要か、なぜ「空気」が必要か、について考えさせ、太陽系外まで含めた生命誕生の条件を一般論化して考えるところまで持っていく。そのために必要なことが、今まで学習したヒトを含めた生物の体のつくりと働きや生物の進化に関する知識である。それがわかれば、生命の誕生に必ずしも「酸素」が必要でないことも想像できるのではないかと考える。最後に、「ハビタブルゾーン」（地球と似た生命が存在できる惑星系の空間：生命居住可能領域、生存可能圏）を調べてくることを指示し、これを基にすることによって発見された太陽系外の惑星に生命が誕生する可能性を知ることができることを理解させたい。

3 本時の展開（第7時）

(1) 太陽系の天体について復習する

> 太陽系には、どのような天体があっただろうか。 (K1)

> 太陽系の8つの惑星について、その特徴をまとめた表を確認してみよう。
> 太陽系の8つの惑星の特徴を発表してみよう。
> 太陽系の惑星の特徴から、惑星を2つのグループに分けてみよう。 (K2)

　表を見るだけでなく、その表からわかるそれぞれの惑星の特徴を発表させることで、その惑星と他の惑星の違いを明確にして復習する。

(2) 生命が誕生した惑星は地球だけである理由を考える

> 太陽系の8つの惑星の中で、生命が誕生したのは地球だけである。それは地球が他の惑星とどのような点で違っていたからだろうか。 (K3、P2)

　まず、プリントを配付し、自由に考えを書かせる。その際、できるだけ具体的な内容を書くよう指示を出す。
　自分の書いたものを発表させる。「○○と同じ」という生徒については、同じ内容でも必ず発表させることに注意する。また、生徒が発表したものについて、黒板にテーマごとに分けて書き出す。
≪例≫
・地球には水があるが、他の惑星には水がない。
・地球は生物が生活するのに適した気温だが、他の惑星は暑すぎたり冷たすぎたりする。
・地球には空気（酸素）があるが、他の惑星には空気（酸素）がない。（または少ない。）

(3) 生徒が発表した条件はなぜ必要なのかを考えさせる。その際、中学1年〜中学3年までの間に学習したことを復習する

> 皆さんの発表から、地球にだけ生命が誕生した理由は、「水」があり、「温度が適温」で「酸素」があるからとあるが、なぜ「水」「温度」「酸素」が必要なのだろうか。 (P2)

　グループを作り、グループで話し合わせる方法をとる。
　次の内容を復習する。
・水の温度と状態変化
・水溶液の性質（溶解度）から、水の優れている点

- ヒトの体の働きから、酵素の働きかたの特徴
- 変温動物と恒温動物から、初期の生物の活動のようすと温度との関係を考える
- 生物の進化と初期の生物の特徴。さらに、酸素はどのように作られたか。

(4) 生命が誕生するために必要な条件を考え、仮説を立てる

> クラスメイトの発表や、中1から今までに学習した内容を考えて、宇宙で生命が誕生するために本当に必要な条件は何だろうか、仮説を立ててみよう。また、その立てた仮説は、太陽系だけに限らず、太陽系の外の宇宙全体でも言えるかどうかも考えてみよう。
> (P3)

　地球に生命が誕生した理由を土台に、宇宙で生命が誕生するために必要な条件は何かを考える。特に到達度の上位の生徒へは、「温度」や「水」がある条件を、恒星の大きさ、表面温度、恒星までの距離、惑星の大きさなど、いろいろな条件で考えてみるようアドバイスを与え、多角的に考えられるようにさせたい。

(5) 仮説の発表
　各グループから代表者を1名選び、それぞれのグループの意見を発表させる。最後に、自分たちで気がつかなかった内容や、参考になった意見を発表したグループをプリントに記録させる。

(6) 発展学習
　次回への課題として、「ハビタブルゾーン」について調べてくるよう指示を出す。

4 授業改善の視点

　この取組では、本来ならば事前にいろいろな資料を配付して、多角的に考えることをさせたいところであるが、最近の生徒は疑問点を自分で考えるのではなく、ネットで調べてしまう傾向があるため、授業中に考える方法を選択した。理科では疑問に思ったことを調べることも大切であるが、自ら考え、その考えを一般化することも大切な能力である。

　この授業では、今まで学習した内容を整理することによって、地球に生命が誕生した条件を考えることができることに気づかせることも重要である。その条件は宇宙では特殊なものではなく、確率的にもそれほど稀な条件ではないことに気づかせ、宇宙は生命に満ち溢れているかもしれない、と思わせることも大切なことだと考える。また、水や温度といった条件を恒星の大きさや恒星までの距離、惑星の大きさの関係まで飛躍して考えさせ、地球の大きさや軌道が少し異なっていても、生命が誕生したであろうことを感じさせるとさらによいだろう。

［上野貞明］

育てる資質・能力

理科の学びを生活の中で活用する力

実施学年 **3年**

単元名 ▶ **自然・科学技術と人間**

1 実践の概要

(1) 資質・能力の概要

　新学習指導要領では「理科の見方・考え方を働かせて、エネルギーや物質に関する観察、実験などを行い、その結果を分析して解釈し、日常生活や社会と関連付けながら、エネルギーや物質についての理解を深め、エネルギー資源や物質を有効に利用することが重要であることを認識させることが主なねらいである。」と記述されている。また、新学習指導要領では今までの3学年に加えて、2学年に放射線の内容が新しく加わっている。

　この実践では放射線についての学習を扱う。東日本大震災を経て、放射線の利用のみならず、危険性は日本中に広まった。放射線測定器を活用して調べたり、霧箱を使い、目に見えなかった放射線を肉眼で実際に観察したりすることによって、生徒は科学的な視点で放射線とはどういうものなのかを理解することができる。また、放射線の人体への影響と放射線の利用について考える力を育成することができる。

　放射線教育は実験器具が高価であり、学校予算で実現することが難しい。公益財団法人日本科学技術振興財団の協力のもと、放射線の特性実験セット（放射線測定器・測定資料・遮蔽板等）を無償で借りて授業を行うと、非常に円滑な授業づくりができる。

(2) 単元目標

- 放射線特性実験セット・霧箱を活用し、放射線の観察実験を行うことで、放射線の種類と透過力を理解する。　　　　　　　　　　　　　　　　　　　　　　　　　（知識・技能）
- 身近に放射線が存在することを確かめ、その大きさは線源からの距離が大きくなるほど減少し、遮蔽によって放射線量を下げることができることを説明できる。

　　　　　　　　　　　　　　　　　　　　　　　　　　　　　　　　　（思考・判断・表現）
- 自ら、身の回りの線源を見つけてきて、観察実験を行うことができる。さらに、今後の放射線利用について自分なりに考えを持つことができる。　（主体的に学習に取り組む態度）

(3) 学習ロードマップ

K1	P1	R1
K2	P2	R2
K3	P3	R3

K1：放射線の歴史・種類・単位を知る。
K2：放射線の3つの性質を理解する。
K3：放射線の観察実験を行う。
P2：科学的根拠に基づき、別の事象で言えることを考える。
R2：エネルギーをどのように利用していくかを探究する。

(4) 単元計画

第1時　放射線（本時）（K1　K2　K3　P2）
第2時　放射線の活用・放射線との付き合い方（P2）
第3時　エネルギーをどのように利用していくか（R2）

2 実践のポイント

　東日本大震災を経て、放射線に対する認知は広がったものの、科学的な見方や考え方を身につけていない人が多い。生徒は本時で本物の放射線を観察し、放射線の性質を正しく理解する。具体的には次の内容である。目に見えない放射線を霧箱で観測する。線源から出る放射線が線状の軌跡になることをはっきりと観測する。次に、放射線測定器で放射線を測定する。（①線源からの距離を変えて放射線の強さを確認する。②アクリル板や鉛板など遮蔽板の種類を換えることで、遮蔽する物質によって放射線の強さが変わるかを確認する。③遮蔽板の厚さを換えることで放射線の強さが変化するかを確認する。）④放射線源は身の回りに存在することを理解する。⑤放射線の安全な利用について考える。

3 本時の展開（第1時）

(1) 生徒がもつ放射線のイメージや知識を確認する。生徒の実態調査

> 放射線って何？ 放射線は危ない？ 何で危ないの？ 東日本大震災の影響で危険らしい？
> 放射線はレントゲン（X線）？　　　　　　　　　　　　　　　　　　　　　　　　　（K1）

(2) 放射線に関する基礎知識の取得

> 放射線の基礎知識を、教科書を使って調べてみよう。　　　　　　　　　　　　　　（K2）

・放射線の種類と単位を知る。

(3) 《実験》放射線の3つの性質を調べてみよう

　放射線の3つの性質（目に見えない・透過力・電離作用）

放射線の3つの性質を調べてみよう。	(K3)

　各班に用意した実験器具を生徒に考えさせてセットさせる。机間指導で生徒の考えを確認しながら正しい方法に誘導する。
　その後、細かい実験の手順、注意点などを解説し、実験を行わせる。

実験手順
- ペルチェ霧箱で放射線を観測
  ① 観察の仕方の説明
  ② 自然放射線の観察・飛跡の形や見え方（カメラ撮影）
- 放射線測定器での測定
  ① 自然放射線を求めながら、使い方を理解する。（グラフから読み取る）
  ② 線源からの距離を変える。
  　（線源の種類）湯の花、塩、モナズ石、カリ肥料、花崗岩
  　（線源からの距離）5cm、10cm、15cm、20cm
  ③ 遮蔽板の種類を変える。
  　（遮蔽板の種類）ステンレス、アクリル、鉛、アルミニウム
  ④ 遮蔽板の厚さを変える。（厚さ）1cm、2cm

---

(4) 結果の発表

　霧箱の実験における生徒の感想
「霧箱に線源をいれていないのに飛跡が見えた。」（自然放射線への理解）
「α線は直線的な飛跡で、数cm飛んだだけで止まってしまった。」
「β線は糸くずのようにうっすらと曲がりくねった長い飛跡を残した。」
「線源から遠ざかると放射線の強さは弱くなる。」
「放射線は物質によって透過力が違う。」
「放射線は遮蔽するものや厚さによって遮蔽できる。」

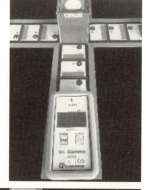

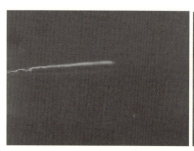

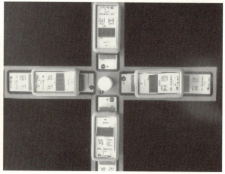

　　α線　　　　　　　β線　　　　　放射線測定器（日本科学技術振興財団より
ペルチェ霧箱（ナリカ）による観察時の写真　　レンタル）による観察

生徒の素朴な疑問と感想
「自然放射線はどこから出てるか？」
「食品の放射線量を測定したい。」
「安全な場所はどこ？」
「原子炉の遮蔽は水だけど、水はどのくらい遮蔽するの？」
「どのくらいでがんになるの？」
「結局、安全な放射線数値はいくつなの？」

(5) 結果の考察

> 学校の中で，自然放射線の多い場所はどこかを調べてみよう。　　　　　　(P2)

　身の回りのものを線源と考えて、自分の興味あるもの、特に多く線源のある場所を校内で探してみる。その際、空気中の塵に多く含まれることを予想できると、ゴミ箱やゴミ集積場などを探し始める生徒が出てきた。また、空気中の塵を集める方法として、掃除機の先端にティッシュペーパーをつけて、10分程度吸引すると線源を採取できる。興味ある生徒は、授業後に放射性物質を空気中から採取し、観察することで驚いていた。

4 授業改善の視点

　本時は本物の放射線に触れ、実験器具で観察することで、知識の概念化を強化させることには成功した。一方で、生徒からは、「レントゲンは放射線？　放射線治療などがある一方で、発ガンに影響があるのか？」「X線の撮影は体に大丈夫なのか？」など、人体への影響に関する興味・関心を持つ生徒が多く出てくる傾向がある。生徒たちは知識が実社会とどのように関わるのかを求めていたと感じる。ヒューマンバイオロジーの観点から授業づくりをする必要があったのだと思われる。具体的な改善例としては、放射線がDNAを傷つけるメカニズムを正しく教えることもできたと考える。

　生徒の資質・能力を評価する上で、「みんなは健康診断等で放射線を利用するときに、どのようなことに注意して放射線を扱うか。」など、記述形式で生徒に質問するとよい。

［鈴木仁宏］

おわりに

　新しい学習指導要領の実施に際して先生たちが一番戸惑っているのは、自分の授業のどこをどのように変えたらよいのか、ということではないでしょうか。各学年の指導内容の入れ替えはこれまでの改訂にもありましたから、今回も問題なく対応できることでしょうが、今度の改訂では生徒の資質・能力を育成しなければなりません。

　先生たちはすでに校内・校外の研修会で、今度の学習指導要領が目指す資質・能力について、さまざまな知見を得ていることと思います。しかし、日々の授業実践に研修等の成果をどのように落とし込んで授業を改善していけばよいのか、悩んでおられる方も数多いのではないかと思います。

　本書は、そのような先生たちの日々の授業実践に役立つことができればと考えてまとめたものです。

　本書で紹介した『スキルコード』という視点で授業を捉え直すことによって、授業の目的（ねらい）に沿った発問をおこなうなど、育成したい資質・能力の視点で授業の流れが整理されるので、先生たちにとって、そして生徒たちにとっても、たいへん分かりやすい授業を行うことができます。そして、同じ視点で、生徒の活動の様子を評価することもできます。

　本書で紹介した授業のように、一つ一つの授業にはそれぞれの役割があります。また、授業を受ける生徒もさまざまで、授業のかたちは本当に複雑で多様です。本書を参考にしながら授業をおこなうことによって、毎日の授業がこれまで以上に見通しのよいものとなり、多忙な先生たちと理科の学習に悩んでいる中学生たちを、少しでも支援できることを願っております。

秀明大学　大山光晴

中学校新学習指導要領のカリキュラム・マネジメント シリーズ
スキルコードで深める中学校理科の授業モデル

◎シリーズ監修者

| 富谷　利光 | 秀明大学学校教師学部教授
秀明大学学校教師学部附属秀明八千代中学校・高等学校校長 |

◎推薦のことば

| 清原　洋一 | 秀明大学学校教師学部教授
前文部科学省初等中等教育局主任視学官 |

◆第1部執筆者

| 大山　光晴 | 秀明大学学校教師学部教授 |

◆第2部執筆者

上野　貞明	秀明中学校校長
五十嵐康則	秀明高等学校校長
金子　友則	秀明中学校・高等学校教諭
兼松　啓太	秀明中学校・高等学校教諭
佐々木貴史	秀明中学校・高等学校教諭
森田　康之	秀明中学校・高等学校教諭
板垣　契一	秀明大学学校教師学部附属秀明八千代中学校・高等学校教諭
上原　慎也	秀明大学学校教師学部附属秀明八千代中学校・高等学校教諭
及川　到	秀明大学学校教師学部附属秀明八千代中学校・高等学校教諭
大窪　真子	秀明大学学校教師学部附属秀明八千代中学校・高等学校教諭
鈴木　仁宏	秀明大学学校教師学部附属秀明八千代中学校・高等学校教諭
前嶋　一希	秀明大学学校教師学部附属秀明八千代中学校・高等学校教諭
山本　哲朗	秀明大学学校教師学部附属秀明八千代中学校・高等学校教諭

〈編著者紹介〉

大山光晴（おおやま・みつはる）

1957（昭和32）年、東京都生まれ。秀明大学学校教師学部教授。東京工業大学総合理工学研究科エネルギー科学専攻修士課程修了。千葉県立柏高等学校、県立船橋高等学校の物理教諭、千葉県教育委員会管理主事・指導主事、千葉県総合教育センターカリキュラム開発部長、県立千葉中学校副校長、県立長生高等学校校長を経て現職。千葉市科学館プロジェクトアドバイザー。

東レ理科教育賞（平成元年度、平成2年度、平成8年度）、第44回読売教育賞理科部門最優秀賞（平成7年度）。

日本物理教育学会常務理事、日本理科教育学会会員、日本科学教育学会会員、教科理科関連学会協議会議長、日本学生科学賞中央審査委員、高校生科学技術チャレンジ（JSEC）審査委員、市村アイデア賞審査委員長。

主な著書『楽しく遊べる科学実験』（永岡書店）、『家庭で楽しむ科学の実験』（角川選書）、『生かそう太陽エネルギー』（ポプラ社）。監修書『なぜ？どうして？科学のお話』シリーズ（1年生〜6年生、全6巻、学習研究社）。

中学校新学習指導要領のカリキュラム・マネジメント
スキルコードで深める中学校理科の授業モデル

2019年12月18日　初版第1刷発行

編著者　――　大山光晴

発行者　――　安部英行

発行所　――　学事出版株式会社

　　　　　　〒101-0021　東京都千代田区外神田2-2-3

　　　　　　電話 03-3255-5471　FAX 03-3255-0248

　　　　　　ホームページ　http://www.gakuji.co.jp

編集担当：丸山久夫

装丁：精文堂印刷制作室／内炭篤詞

印刷・製本：精文堂印刷株式会社

©Mitsuharu Oyama　　　　　　　　　　　落丁・乱丁本はお取替えします。

ISBN978-4-7619-2590-1　C3037　Printed in Japan